deutsch.kompetent

Stundenblätter

Das Nibelungenlied

Erarbeitet von:
Andy Horschig

Ernst Klett Verlag
Stuttgart · Leipzig

Intention

Die Stundenblätter zum Nibelungenlied sind für die Jahrgangsstufen 6 und 7 konzipiert. Die Textgrundlage bildet die Nacherzählung von Franz Fühmann. Konzeption und Themen entsprechen den Interessen der Schülerinnen und Schüler: Sie eröffnen neben den traditionellen Unterrichtsverfahren der Erschließung handlungs- und produktionsorientierte Zugänge zu diesem Heldenepos. Der Fokus liegt auf dem übergreifenden Ziel des Deutschunterrichts, Lesefreude und -motivation zu fördern, was vor allem über die lebendige Auseinandersetzung mit dem Text gelingen kann.

Integratives Arbeiten steht im Mittelpunkt: Vor dem thematischen Hintergrund der Lektüre werden zentrale jahrgangsspezifische Inhalte der Kompetenzbereiche aufgegriffen und mit kreativen Ansätzen verknüpft. Die Stundenblätter liefern gestalterische und informierende Schreibaufgaben auf der Grundlage des Textes sowie Aufträge, die auf die Erweiterung des sprachlichen Repertoires durch die mündliche Interaktion mit einer Partnerin, einem Partner bzw. in der Gruppe und auf die Sicherung des Text- und Kontextverständnisses abzielen. Im Sinne eines anregenden Unterrichts kommt dabei dem Wechsel der Sozialformen und der Vielfalt der methodischen Verfahren ein besonderer Stellenwert zu.

Aufbau

Die gesamte Unterrichtseinheit umfasst acht Module mit insgesamt 24 Kopiervorlagen und zwei Klassenarbeitsvorschlägen/Schulaufgabenvorschlägen. Sie gliedert sich in drei Teile:

Kopiervorlagen

Die Kopiervorlagen sind sofort im Unterricht einsetzbar und ermöglichen eine kompetenzorientierte Erschließung im oben ausgeführten Sinne.

Analyse und Interpretation

Auf zwei Seiten finden sich Informationen zum Buch (Autor/Inhalt/Figurenkonstellation/Sprache und Stil/Zeit- und Raumgestaltung/Themen und Motive) für einen kompakten Überblick.

Kommentare und Lösungen

Dieser Teil bietet einen schnellen Zugriff auf die Ergebnisse der Kopiervorlagen. Zu sämtlichen Modulen finden sich hier Ausführungen zur Intention der Kopiervorlagen und didaktische Hinweise.

Wege der Behandlung der Ganzschrift

Eingangs weisen zwei Übersichten über die Unterrichtseinheit (Maximal-/Minimalplan) auf unterschiedliche Wege der Behandlung der Ganzschrift im Unterricht hin. Beide erleichtern das Anpassen der Erschließung an die zur Verfügung stehende Unterrichtszeit.

Der Maximalplan präsentiert das Gesamtpaket an obligatorischen und fakultativen Kopiervorlagen. Letztere erlauben eine Ausweitung und Vertiefung der Thematik. Der Minimalplan umfasst die obligatorischen Kopiervorlagen, sodass eine sinnvolle Auseinandersetzung mit dem Text gewährleistet ist.

Alle Kopiervorlagen finden sich auch auf www.klett.de (Eingabe des Online-Codes in das Suchfenster) als PDF oder als veränderbare Word-Datei, sodass sie den individuellen Gegebenheiten angepasst werden können.

Wir wünschen Ihnen viel Erfolg in Ihrem Unterricht!

Kopiervorlagen

Modul 1: Zugänge

Modul 2: Häusliche Lektürephase

Modul 3: Überprüfung der Textkenntnis

Modul 4: Die Figur Siegfried

Modul 5: Die Figuren Siegfried, Kriemhild und Brünhild

Modul 6: Siegfrieds Tod

Modul 7: Kriemhilds Rache

Modul 8: Hintergründe und Rezeption

Klassenarbeitsvorschläge/Schulaufgabenvorschläge

Analyse und Interpretation

Kommentare und Lösungen

Übersicht über die Unterrichtseinheit (Maximalplan)

Modul	Thema	Material	Kompetenzen	Sozialform	Zeitbedarf
1	**Zugänge**	KV 1.1: Eigene Erwartungen formulieren (obligatorisch)	- Leseerwartungen formulieren - kreatives Schreiben	Einzelarbeit Unterrichtsgespräch	1 Stunde (= 45 min)
		KV 1.2: Den Anfang in Strophen erschließen (fakultativ)	- aus dem Mittelhochdeutschen übersetzen - Textverständnis entwickeln - Handlungsmuster erschließen	Einzelarbeit Partnerarbeit	1 Stunde (= 45 min)
2	**Häusliche Lektürephase**	KV 2.1: Den Inhalt zusammenfassen (obligatorisch)	- Textverständnis entwickeln - Inhaltsübersicht gestalten	Einzelarbeit	14 Tage
		KV 2.2: Die Leseerfahrungen austauschen (fakultativ)	- Leseeindrücke formulieren - eigene Meinung formulieren und begründen	Einzelarbeit Partnerarbeit Unterrichtsgespräch	1 Stunde (= 45 min)
3	**Überprüfung der Textkenntnis**	KV 3.1: Fragen zum Inhalt beantworten können (fakultativ)	- Textkenntnisse überprüfen	Einzelarbeit	1 Stunde (= 45 min)
		KV 3.2: Test zur Leseüberprüfung (fakultativ)	- Textkenntnisse überprüfen - zur Lieblingsfigur positionieren	Einzelarbeit	1 Stunde (= 45 min)
4	**Die Figur Siegfried**	KV 4.1: Kriemhilds Traum und Utes Deutung (obligatorisch)	- aufmerksames Lesen - Deutungsansatz verfolgen und verstehen - ein Schaubild gestalten	Einzelarbeit Partnerarbeit	1 Stunde (= 45 min)
		KV 4.2: Wer ist Siegfried? (obligatorisch)	- einen Steckbrief erstellen - einem Text Informationen entnehmen	Einzelarbeit Partnerarbeit	1 Stunde (= 45 min)
		KV 4.3: Wie muss ein Ritter sein? (obligatorisch)	- aufmerksames Lesen - Rittertugenden zusammentragen - sich zu den Tugenden positionieren	Einzelarbeit Unterrichtsgespräch	1 Stunde (= 45 min)
		KV 4.4: Über das Rittertum informieren (fakultativ)	- Material auswerten - materialgestütztes Verfassen eines informierenden Textes	Einzelarbeit	2 Stunden (= 90 min)
		KV 4.5: Das Fest der Schwertleite (fakultativ)	- einem Text Informationen entnehmen - ein Ereignis schildern	Einzelarbeit Partnerarbeit	1 Stunde (= 45 min)
5	**Die Figuren Siegfried, Kriemhild und Brünhild**	KV 5.1: Die erste Begegnung zwischen Siegfried und Kriemhild (obligatorisch)	- Verhalten von Figuren beschreiben und hinterfragen - einen Tagebucheintrag verfassen - die Erzählperspektive wechseln	Einzelarbeit Partnerarbeit	1 Stunde (= 45 min)
		KV 5.2: Die Brünhild-Episode (obligatorisch)	- Handlungsmotive einer Figur erkennen - Veränderungen einer Figur beschreiben - einen Kommentar verfassen	Einzelarbeit Partnerarbeit	1 Stunde (= 45 min)
		KV 5.3: Brünhild – eine Figur charakterisieren (obligatorisch)	- eine Figur charakterisieren - eine Rollenbiografie schreiben	Einzelarbeit Partnerarbeit	1 Stunde (= 45 min)

Modul	Thema	Material	Kompetenzen	Sozialform	Zeitbedarf
6	**Siegfrieds Tod**	KV 6.1: Die beiden Königinnen vergleichen (obligatorisch)	- Figuren miteinander vergleichen	Einzelarbeit Partnerarbeit	1 Stunde (= 45 min)
		KV 6.2: Den Streit der Königinnen inszenieren (fakultativ)	- ein Stegreifspiel durchführen - szenisches Interpretieren	Gruppenarbeit	1 Stunde (= 45 min)
		KV 6.3: Verrat an Siegfried – eine Figurenkonstellation erstellen (obligatorisch)	- eine Figurenkonstellation erstellen	Einzelarbeit Partnerarbeit	1 Stunde (= 45 min)
		KV 6.4: Über Siegfrieds Tod berichten (fakultativ)	- szenisches Interpretieren Umgang mit Medien reflektieren - über Siegfrieds Tod berichten	Gruppenarbeit	2 Stunde (= 90 min)
7	**Kriemhilds Rache**	KV 7.1: Kriemhild wird Königin der Hunnen (obligatorisch)	- einen Text zusammenfassen - eine Übersicht gestalten - einen inneren Monolog gestalten	Einzelarbeit	2 Stunde (= 90 min)
		KV 7.2 Frauen auf der Burg (fakultativ)	- Verständnis für historische Situationen entwickeln - einen Brief aus einer bestimmten Perspektive schreiben	Einzelarbeit Partnerarbeit	1 Stunde (= 45 min)
		KV 7.3: Der Untergang der Nibelungen (obligatorisch)	- ein Standbild bauen - Gewaltdarstellung in Medien reflektieren - eine Rede verfassen	Einzelarbeit Partnerarbeit Gruppenarbeit	1 Stunde (= 45 min)
8	**Hintergründe und Rezeption**	KV 8.1: Das Lied der Rätsel – einen Sachtext erschließen (obligatorisch)	- einem Sachtext Informationen entnehmen - eine Inhaltangabe zu einem Sachtext schreiben	Einzelarbeit Partnerarbeit	1 Stunde (= 45 min)
		KV 8.2: Nibelungendenkmäler (fakultativ)	- Bilder kontextualisieren - über Denkmäler diskutieren - die eigene Meinung vertreten	Einzelarbeit Unterrichtsgespräch	1 Stunde (= 45 min)
		KV 8.3: Brünhild in der Völsunga-Saga (fakultativ)	- eine nordische Sage kennenlernen - Texte miteinander vergleichen - interkulturelle Kompetenz stärken	Einzelarbeit Partnerarbeit	1 Stunde (= 45 min)
		KV 8.4: Eine Nibelungenkarte erstellen (fakultativ)	- fächerverbindend mit Geografie arbeiten - eine Kartenskizze erstellen - mit dem Atlas arbeiten	Gruppenarbeit	1 Stunde (= 45 min)

Übersicht über die Unterrichtseinheit (Minimalplan)

Modul	Thema	Material	Kompetenzen	Sozialform	Zeitbedarf
1	**Zugänge**	KV 1.1: Eigene Erwartungen formulieren (obligatorisch)	- Leseerwartungen formulieren - kreatives Schreiben	Einzelarbeit Unterrichtsgespräch	1 Stunde (= 45 min)
2	**Häusliche Lektürephase**	KV 2.1: Den Inhalt zusammenfassen (obligatorisch)	- Textverständnis entwickeln - Inhaltsübersicht gestalten	Einzelarbeit	14 Tage
4	**Die Figur Siegfried**	KV 4.1: Kriemhilds Traum und Utes Deutung (obligatorisch)	- aufmerksames Lesen - Deutungsansatz verfolgen und verstehen - ein Schaubild gestalten	Einzelarbeit Partnerarbeit	1 Stunde (= 45 min)
		KV 4.2: Wer ist Siegfried? (obligatorisch)	- einen Steckbrief erstellen - einem Text Informationen entnehmen	Einzelarbeit Partnerarbeit	1 Stunde (= 45 min)
		KV 4.3: Wie muss ein Ritter sein? (obligatorisch)	- aufmerksames Lesen - Rittertugenden zusammentragen - sich zu den Tugenden positionieren	Einzelarbeit Unterrichtsgespräch	1 Stunde (= 45 min)
5	**Die Figuren Siegfried, Kriemhild und Brünhild**	KV 5.1: Die erste Begegnung zwischen Siegfried und Kriemhild (obligatorisch)	- Verhalten von Figuren beschreiben und hinterfragen - einen Tagebucheintrag verfassen - die Erzählperspektive wechseln	Einzelarbeit Partnerarbeit	1 Stunde (= 45 min)
		KV 5.2: Die Brünhild-Episode (obligatorisch)	- Handlungsmotive einer Figur erkennen - Veränderungen einer Figur beschreiben - einen Zeitungsartikel verfassen	Einzelarbeit Partnerarbeit	1 Stunde (= 45 min)
		KV 5.3: Brünhild - eine Figur charakterisieren (obligatorisch)	- eine Figur charakterisieren - eine Rollenbiographie schreiben	Einzelarbeit Partnerarbeit	1 Stunde (= 45 min)
6	**Siegfrieds Tod**	KV 6.1: Die beiden Königinnen vergleichen (obligatorisch)	- Figuren miteinander vergleichen	Einzelarbeit Partnerarbeit	1 Stunde (= 45 min)
		KV 6.3: Verrat an Siegfried - eine Figurenkonstellation erstellen (obligatorisch)	- eine Figurenkonstellation erstellen	Einzelarbeit Partnerarbeit	1 Stunde (= 45 min)
7	**Kriemhilds Rache**	KV 7.1: Kriemhild wird Königin der Hunnen (obligatorisch)	- einen Text zusammenfassen - eine Übersicht erstellen - einen inneren Monolog gestalten	Einzelarbeit	2 Stunde (= 90 min)
		KV 7.3: Der Untergang der Nibelungen (obligatorisch)	- ein Standbild bauen - Gewaltdarstellung in Medien reflektieren - eine Rede verfassen	Einzelarbeit Partnerarbeit Gruppenarbeit	1 Stunde (= 45 min)
8	**Hintergründe und Rezeption**	KV 8.1: Das Lied der Rätsel - einen Sachtext erschließen (obligatorisch)	- einem Sachtext Informationen entnehmen - eine Inhaltsangabe zu einem Sachtext schreiben	Einzelarbeit Partnerarbeit	1 Stunde (= 45 min)

Eigene Erwartungen an den Text formulieren (Seite 1/1)

1. Entwerft aus den folgenden Schlagwörtern eine Handlungsskizze, die alle vorgegebenen Wörter enthält. Die Reihenfolge kann verändert werden.

Drache
FREUNDSCHAFT
Gold
Geld
HELD
HASS
Hochzeit
ISLAND
Kampf
Königinnen
Rache
MACHT
RHEIN
Mord
Ritter
Schatz
Treue
Träume
Stärke
TRAUER
Zwerg
VERRAT
Eifersucht

2. Vergleicht eure Geschichten miteinander und tauscht euch über Gemeinsamkeiten und Unterschiede aus.

3. Tragt zusammen, was ihr bereits über das Nibelungenlied bzw. die Nibelungen gehört habt, und notiert Stichpunkte.

deutsch.kompetent Stundenblätter: Das Nibelungenlied
ISBN: 978-3-12-352602-2

Den Anfang in Strophen erschließen (Seite 1/2)

Uns ist in alten mæren[1] wunders vil geseit
von helden lobebæren, von grôzer arebeit[2],
von freuden, hôchgezîten[3], von weinen und von klagen,
von küener recken strîten muget ihr nur wunder[4] hœren sagen.

[1] mæren: Geschichten
[2] arebeit: Leistung
[3] hôchgezîten: Feste
[4] wunder: Wunderbares

Illustration: Inge Voets, Berlin

So beginnt das Nibelungenlied. Die 2379 Strophen des um 1200 entstandenen Textes bestehen jeweils aus vier Versen. Man geht heute davon aus, dass das Nibelungenlied nicht einen Verfasser hat, sondern gleich mehrere.

1. Übertragt den mittelhochdeutschen Text in heutiges Deutsch.

2. Lest die Strophen 2–12 einer Übertragung ins Neuhochdeutsche von Karl Simrock aus dem Jahr 1827. Markiert die Textstellen, die etwas über die Figuren, Orte und die Handlung aussagen.

Es wuchs in Burgunden solch edel Mägdelein
Dass in allen Landen nichts Schön'res mochte sein.
Kriemhild war sie geheißen und ward ein schönes Weib,
Um die viel Degen mussten verlieren Leben und Leib.

Die Minnigliche [zu] lieben brachte keinem Scham
Um die viele Recken warben, niemand war ihr gram.
Schön war ohne Maßen die edle Maid zu schau'n;
Der Jungfrau höf'sche Sitte war eine Zier allen Frau'n.

Es pflegten[1] sie drei Könige, edel und reich,
Gunther und Gernot, die Recken ohnegleich,
Und [Giselher] der junge, ein auserwähler Degen[2]
Sie war ihre Schwester, die Fürsten hatten sie zu pflegen.

Die Herren waren milde, dazu von hohem Stamm,
Unmaßen kühn von Kräften, die Recken lobesam[3].
Nach den Burgunden war ihr Land benannt;
Sie schufen starke Wunder noch seitdem in Etzels Land.

Zu Worms am Rheine wohnten die Herren in ihrer Kraft.
Von ihren Landen diente viel stolze Ritterschaft
Mit rühmlichen Ehren all ihres Lebens Zeit
Bis jämmerlich sie starben durch zweier edeln Frauen Streit.

deutsch.kompetent Stundenblätter:
Das Nibelungenlied
ISBN: 978-3-12-352602-2

Den Anfang in Strophen erschließen (Seite 2/2)

Ute hieß ihre Mutter, die reiche Königin,
Und Dankrat der Vater, der ihnen zum Gewinn
Das Erbe ließ im Tode, vordem ein starker Mann,
Der auch in seiner Jugend großer Ehren viel gewann.

Die drei Kön'ge waren, wie ich kundgetan,
Stark und hohen Mutes; ihnen waren untertan
Auch die besten Recken, davon man hat gesagt,
Von großer Kraft und Kühnheit, in allen Streiten[4] unverzagt.

Das war von Tronje Hagen[5] und der Bruder sein
Dankwart, der schnelle, von Metz Herr Ortewein[6].
Die beiden Markgrafen Gere und Eckewart,
Volker von Alzei, an allen Kräften wohlbewahrt.

Rumold, der Küchenmeister, ein teuerlicher[7] Degen,
Sindold und Hunold: die Herren mussten pflegen
Des Hofes und der Ehren, den Kön'gen untertan.
Noch hatten sie viel Recken, die ich nicht alle nennen kann.

Dankwart war Marschall, so war der Neffe sein
Truchsess des Königs, von Metz Herr Ortewein.
Sindold war Schenke, ein weidlicher[8] Degen,
Und Kämmerer Hunold; sie konnten hoher Ehren pflegen.

Von des Hofes Ehre, von ihrer weiten Kraft,
Von ihrer hohen Würdigkeit und von der Ritterschaft
Wie sie die Herren übten mit Freuden all ihr Leben,
Davon weiß wahrlich niemand euch volle Kunde zu geben.

[1] sorgten für sie
[2] Held
[3] verdienstvoll
[4] Auseinandersetzungen
[5] Hagen von Tronje
[6] Ortwin von Metz
[7] hervorragender
[8] kaum zu übertreffen

Quelle: Das Nibelungenlied. Aus dem Mittelhochdeutschen von Karl Simrock. Köln: Anaconda 2008, S. 5 f.

3. Recherchiert die Bedeutung der Berufe am Hof, die in den Versen 41–44 erwähnt werden, und ergänzt die Tabelle. Ihr könnt ein Lexikon benutzen.

Marschall	
Truchsess	
Schenk	
Kämmerer	

4. Vergleicht den Text von Karl Simrock mit Franz Fühmanns Nacherzählung, S. 6, Zeilen 6–28. Was fällt euch auf?

deutsch.kompetent Stundenblätter: Das Nibelungenlied
ISBN: 978-3-12-352602-2

Den Inhalt zusammenfassen (Seite 1/1)

1. Fasst den Inhalt der ersten Kapitel in der Tabelle stichpunktartig zusammen. Achtet dabei auf Handlungsorte, Figuren und wesentliche Handlungsschritte. Orientiert euch an den Vorgaben. Führt die Tabelle in eurem Heft selbstständig fort.

2. Ergänzt, nachdem ihr alles gelesen habt, in der ersten Spalte, ob das jeweilige Kapitel zur Siegfried- (S), zur Kriemhild- (K) oder zur Kriemhild- und Siegfried-Handlung (KS) gehört.

	Titel des Kapitels	Ort	wesentliche Handlungsschritte
1 K	Wie Kriemhild am Hofe von Worms aufwuchs	Hof zu Worms am Rhein	- Königstochter Kriemhild wächst in Worms (Burgund) auf - Deutung eines Traums von Kriemhild …
2 S	Wie Siegfried am Hofe zu Xanten aufwuchs		- Königssohn Siegfried wächst in Xanten (Niederlande) auf
3	Wie Siegfried nach Worms kam		
4	Wie Siegfried mit den Sachsen stritt		
5	Wie Siegfried Kriemhild zum ersten Mal sah		

deutsch.kompetent Stundenblätter: Das Nibelungenlied
ISBN: 978-3-12-352602-2

Die Leseerfahrungen austauschen (Seite 1/1)

1. Sammelt in einer Tabelle, was euch am Nibelungenlied gefallen und was euch nicht gefallen hat.

Was mir gefallen hat/Was ich spannend fand …	Was mir nicht (so) gefallen hat …

2. Tauscht euch in der Klasse über eure Leseerfahrungen aus.
- Legt kleine Kärtchen an, auf denen ihr eure Eindrücke sammelt.
- Achtet darauf, dass ihr eure Position auch begründen könnt.

Meine Lieblingsfigur …	**Wem ich nicht im Dunklen begegnen möchte …**	**Wen ich gern spielen würde …**
Die spannendste Stelle …	**Eine Überraschung …**	
Ich hab' da noch 'ne Frage …	**…**	**Was mir besonders gefallen/mich genervt hat …**

deutsch.kompetent Stundenblätter: Das Nibelungenlied
ISBN: 978-3-12-352602-2

Fragen zum Inhalt beantworten können (Seite 1/1)

1. Löst das Kreuzworträtsel zum ersten Teil des Nibelungenliedes.
Beachtet dabei folgende Hinweise:
- Umlaute werden auflöst, z. B. *a* = *ae*.
- Das *ß* wird als Doppel-*s* geschrieben.
- Antworten, die aus mehreren Wörtern bestehen, werden ohne Leerzeichen geschrieben.

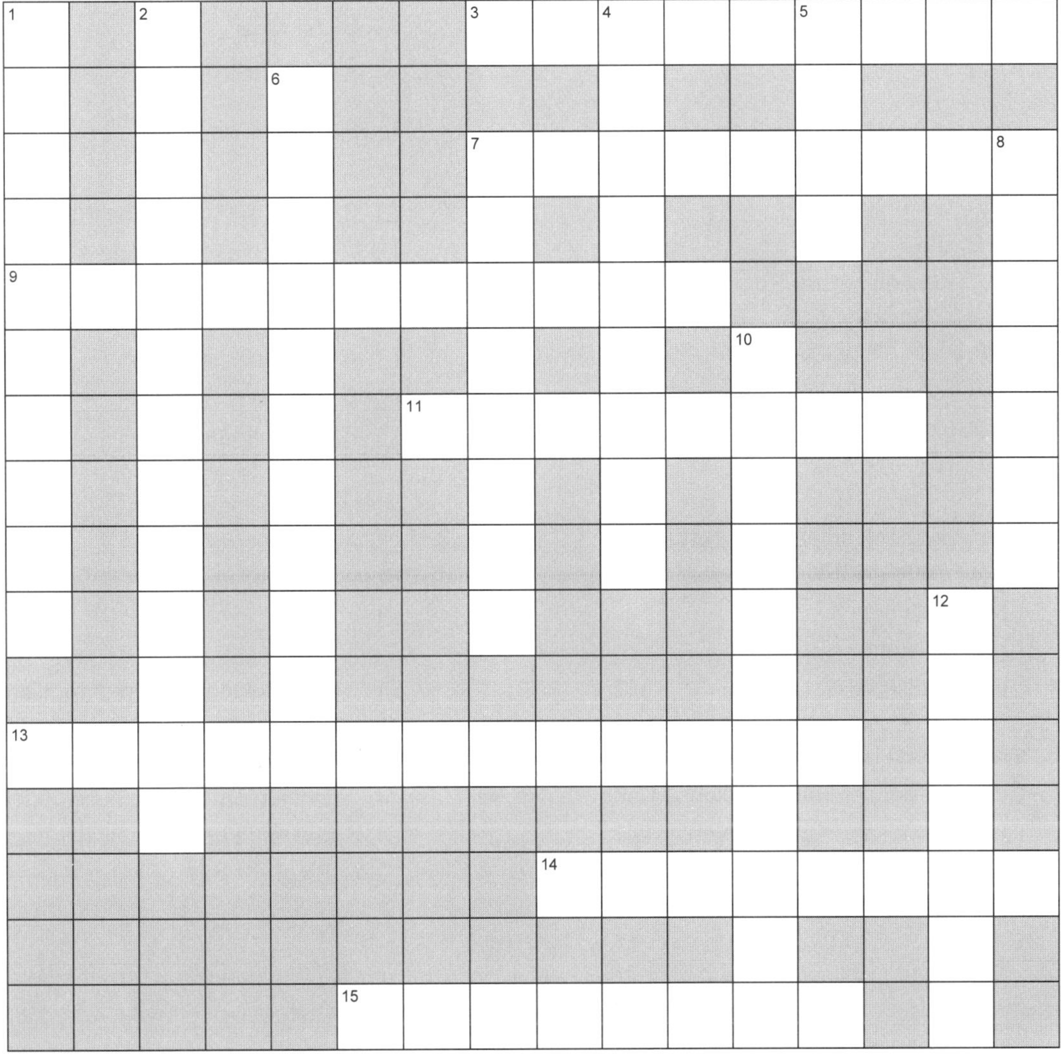

Waagerecht:

3 verrät Siegfrieds „Schwachstelle"
7 besiegt Brünhild
9 Farbe von Brünhilds Kleid beim Empfang im Eisland
11 bewacht Siegfrieds Schatz
13 Dort liegt das Land der Nibelungen.
14 macht Siegfried unsichtbar und stark
15 Gefolgsmänner

Senkrecht:

1 angeblich Siegfrieds Funktion an Gunthers Hof
2 Beiname Siegfrieds
4 Name von Brünhilds Burg
5 Damit will Siegfried Kriemhild erobern.
6 Todesort Siegfrieds
7 Siegfrieds Mutter
8 Kriemhilds Vater
10 Land, in dem Siegfried später König ist
12 Name von Siegfrieds Schwert

deutsch.kompetent Stundenblätter:
Das Nibelungenlied
ISBN: 978-3-12-352602-2

Test zur Leseüberprüfung (Seite 1/1)

1. Zeigt, dass ihr den zweiten Teil des Nibelungenliedes genau gelesen habt. Kreuzt jeweils die richtige Antwort an.

1. Kriemhild und Etzel bekommen ein Kind. Es ist der/die…
   - ☐ A Sohn Ortlob
   - ☐ B Sohn Ortlieb
   - ☐ C Tochter Ortlinde

2. Nicht nur Hagen ahnt den Untergang der Burgunder voraus, sondern auch …
   - ☐ A Gunther.
   - ☐ B Ute.
   - ☐ C Küchenmeister Rumold.

3. Hagen trifft auf der Suche nach einer Fuhrt auf …
   - ☐ A Frauen, die Wäsche waschen.
   - ☐ B Kriemhild.
   - ☐ C Wasserfrauen.

4. Wer kehrt nach einer Prophezeiung nach Worms zurück?
   - ☐ A Hagen
   - ☐ B Giselher
   - ☐ C der Kaplan

5. Warum köpft Hagen den Fährmann?
   - ☐ A … weil der ihm die goldene Kette stehlen will
   - ☐ B … weil der nicht übersetzen will
   - ☐ C … weil der ihn angegriffen hat

6. Wie oft muss Hagen mit dem Boot übersetzen, um alle Ritter und Knechte zu holen?
   - ☐ A einmal
   - ☐ B zehnmal
   - ☐ C steht nicht im Text

7. Hagen stirbt …
   - ☐ A nicht.
   - ☐ B durch die Hand Kriemhilds.
   - ☐ C durch die Hand Dietrichs von Bern.

8. Wer überlebt Kriemhilds Rache?
   - ☐ A ihr Lieblingsbruder
   - ☐ B ihr Sohn
   - ☐ C ihr Ehemann

9. Wer tötet Kriemhild?
   - ☐ A Hildebrand
   - ☐ B Dietrich von Bern
   - ☐ C Etzel

10. Die beiden Sagenkreise des Nibelungenliedes heißen …
    - ☐ A Siegfried und Kriemhild + Der Untergang der Nibelungen
    - ☐ B Siegfried und Kriemhild + Kriemhilds Rache
    - ☐ C Siegfried von Xanten + Kriemhilds Rache

2. Wählt eure Lieblingsfigur und begründet, warum ihr euch gerade für diese Figur entschieden habt.

____

____

____

____

____

____

deutsch.kompetent Stundenblätter: Das Nibelungenlied
ISBN: 978-3-12-352602-2

Kriemhilds Traum und Utes Deutung (Seite 1/1)

1. Lest noch einmal die Textstelle zu Kriemhilds Traum (S. 6, Z. 29 – S. 7, Z. 15) und ergänzt die linke Seite des Schaubilds.

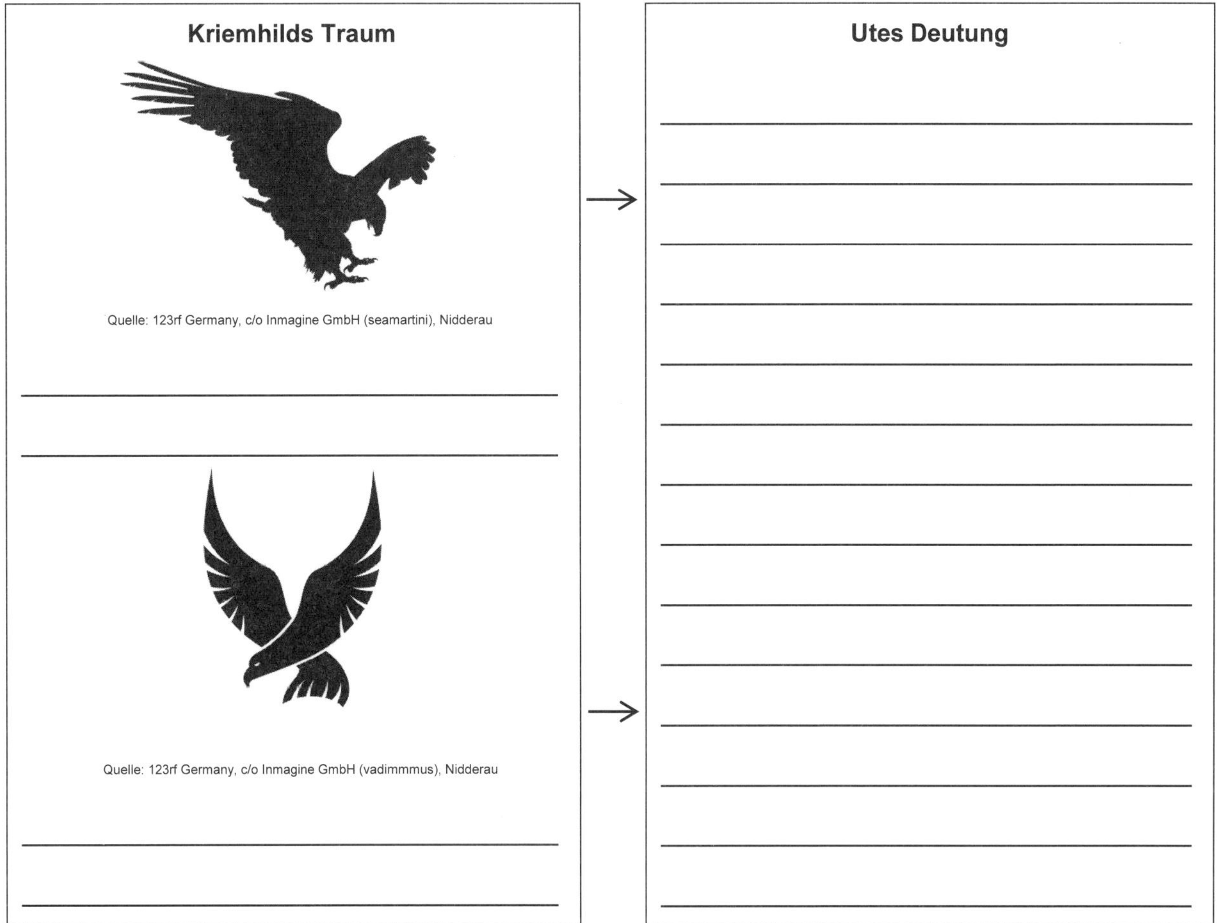

Quelle: 123rf Germany, c/o Inmagine GmbH (seamartini), Nidderau

Quelle: 123rf Germany, c/o Inmagine GmbH (vadimmmus), Nidderau

Traum und Traumdeutung

In Träumen, auch wenn wir uns an diese nicht immer erinnern, verarbeiten wir in der Regel die Ereignisse des Tages. Dies geschieht im Unterbewusstsein. Träume werden häufig von Wünschen, Ängsten oder Eindrücken gesteuert. Aber auch Situationen oder Personen, die wir bisher nicht kennen, können in Träumen auftauchen. In der Traumdeutung wird ihnen häufig eine Funktion zugeschrieben. Eine der berühmtesten Traumdeutungen findet sich bereits in der Bibel. Der von seinen Brüdern als Sklave nach Ägypten verkaufte Joseph deutet die Träume des Pharaos, als dieser sieben fette Kühe und sieben abgemagerte Kühe sieht, als Jahre ertragreicher Ernte und Jahre der Dürre. Daraufhin legen die Ägypter Vorräte für die Dürrezeit an, die auch wirklich eintritt, und sichern so ihre Nahrungsgrundlage.

2. Tragt zusammen, wie Königin Ute den Traum ihrer Tochter deutet. Ergänzt das Schaubild auf der rechten Seite.

3. Schreibt auf, welche Schlüsse Kriemhild aus der Traumdeutung ihrer Mutter zieht.

Kriemhild beschließt, dass ____________________

____

deutsch.kompetent Stundenblätter:
Das Nibelungenlied
ISBN: 978-3-12-352602-2

Wer ist Siegfried? (Seite 1/1)

1. Sammelt alle Informationen, die ihr in den ersten beiden Kapiteln über Siegfried finden könnt, und erstellt einen Steckbrief.
- Ihr könnt weitere Kriterien auf der linken Seite ergänzen.
- Zeichnet in das Kästchen ein kleines Porträt Siegfrieds oder klebt ein Bild ein, wie ihr euch Siegfried vorstellt.

	Bild:
Name:	
Alter:	
Herkunft:	
Eltern:	
Freunde:	
Tätigkeit/ Beruf:	
Eigen-schaften:	
...	
...	
...	

2. Ergänzt eure Steckbriefe, indem ihr Informationen aus der Siegfried-Sage entnehmt (Materialienteil im Anhang, S. 162–165).

deutsch.kompetent Stundenblätter: Das Nibelungenlied
ISBN: 978-3-12-352602-2

Wie muss ein Ritter sein? (Seite 1/2)

Auguste Lechner: Parzival (Auszug)

Der junge Parzival wächst bei seiner Mutter Herzeloyde fernab der Zivilisation in der Einöde Soltane auf, nachdem sein Vater, der Ritter Gahmuret, ums Leben gekommen ist. Um ihn davon abzuhalten, selbst Ritter zu werden, steckt Herzeloyde ihren Sohn in Narrenkleider. Doch Parzival bricht eines Tages dennoch auf, um Ritter zu werden, woraufhin seine Mutter tot zusammenbricht. Er erschlägt ihm Kampf den Roten Ritter Ither, mit dem er verwandt ist, was er zu diesem Zeitpunkt jedoch nicht weiß. Zur Tafelrunde des Königs Artus findet Parzival jedoch keinen Zugang. So kommt er auf die Burg von Gurnemanz, der ihn freundlich aufnimmt, ihn baden lässt und ihn verköstigt.

[...] „Und nun sollst du mir erzählen, wer du bist und wie du hierher kommst. Vielleicht kann ich etwas für dich tun."

„Ja, Herr", sagte Parzival von Herzen froh, denn gewiss würde alles, was ihn so sehr bedrückte, leichter werden, wenn er es erst diesem freundlichen Greis erzählt hatte.

„Wenn mir ein weiser alter Mann raten wolle, so müsse ich ihn anhören und ihm folgen, gebot mir meine Mutter", fügte er hinzu und ließ sich auf dem Bärenfell zu Füßen des Burgherrn nieder, wie er es daheim gewohnt war. So begann er zu erzählen.

Von Gahmuret Anschewin und der Königin Herzeloyde und von seiner Kindheit in Soltane. Wie es ihn dann forttrieb, weil er ein Ritter werden wollte. [...]

Als er so weit gekommen war, hielt er inne: Denn Herr Gurnemanz fing an zu lachen.

„Warum lachst du denn, Herr?", fragte er verwundert.

Es kostete den alten Ritter einige Mühe, wieder ernst zu werden.

„Ich will es dir später einmal erklären", sagte er begütigend. „Jetzt rede nur weiter."

So fuhr Parzival fort zu erzählen, wie er an den Artushof kam und der König ihm die Rüstung des Roten Ritters verhieß, wie Ither starb und wie er danach fortritt und meinte, ja, nun sei er endlich auch ein Ritter geworden.

Herr Gurnemanz hörte ihn schweigend an, bis er zu Ende war.

Dann schüttelte er langsam den Kopf. „Ein eisernes Gewand macht noch keinen Ritter: Willst du wirklich einer sein, so wirst du vieles lernen müssen. Bleibe hier bei mir, ich will gerne dein Lehrmeister sein, und wenn du eines Tages wieder fortreitest, wird kein König mehr einen Tadel an dir finden. Das verspreche ich dir." [...]

Er blieb drei Jahre auf Burg Graharz und der Burgherr unterwies ihn mit den anderen Knappen in höfischen Sitten, in ritterlichen Spielen und im ernsten Kampfe. Er lehrte ihn aber auch die Pflichten seines Standes und viel Weisheit für das Leben.

„Nur der ist würdig, ein Ritter zu heißen", sagte er, „der in allen Dingen das recht Maß zu halten weiß. Sei kühn, doch sei kein Wagehals: Denn das ist die Art unreifer Knaben. Greife nie einen Schwächeren an und gewähre dem Besiegten Gnade, ohne ihn zu demütigen. Geiz würde dir zur Schande gereichen, aber du sollst auch kein Verschwender sein, wenn du zu Reichtum gelangst. Begegnest du geringeren Leuten, so sei freundlich und nicht hochmütig gegen sie, dann werden sie dich ehren. Mit liederlichem Volk aber sollst du dich nicht gemein machen: Denn du würdest dem Ansehen der Ritterschaft schaden und deinem eigenen. Zeige niemals Neugier, wenn du etwas siehst, was du nicht begreifst, und stelle keine Fragen, sonst wird man dich für unhöfisch halten. Stehe den Unterdrückten und Verfolgten stets bei: Das wird deinen Ruhm mehren. Diene den Frauen, die deines Dienstes wert sind, doch werde nie ihr Knecht."

Diese und viele andere Lehren gab ihm der alte Ritter. Und als die drei Jahre um waren, zog Parzival abermals fort in die Welt. Er trug den Kopf sehr hoch, als er zum Tore von Graharz herausritt, und meinte, ja, nun sei er wohl gerüstet gegen alles, was ihm auch begegnen möge.

Aber Herr Gurnemanz, der Ritter ohne Tadel, hatte bei all seinem weisen Lehren eines vergessen, und darum bestand Parzival das große Abenteuer nicht, dem er entgegenritt: Denn solange die Menschen nicht wissen, dass sie einander lieben müssen, hilft ihnen weder Weisheit noch Kraft oder feine Sitten. [...]

Quelle: Auguste Lechner: Parzival. Auf der Suche nach der Gralsburg. Würzburg/Innsbruck 2017, 12. Auflage, S. 117–119

deutsch.kompetent Stundenblätter: Das Nibelungenlied
ISBN: 978-3-12-352602-2

Wie muss ein Ritter sein? (Seite 2/2)

Quelle: 123rf Germany, c/o Inmagine GmbH (Anzhela Buch), Nidderau

1. Warum lacht Gurnemanz Parzival aus? Findet eine Erklärung.

2. Erklärt Gurnemanz' Satz: „Ein eisernes Gewand macht noch keinen Ritter." (Z. 18).

3. Formuliert die Regeln, nach denen sich ein Ritter richten sollte.

4. Positioniert euch dazu, ob die ritterlichen Tugenden auch heute noch aktuell sind.

5. Siegfried gilt als der berühmteste Ritter seiner Zeit. Erfüllt er alle genannten Rittertugenden? Begründet eure Meinung.

deutsch.kompetent Stundenblätter: Das Nibelungenlied
ISBN: 978-3-12-352602-2

Über das Rittertum informieren – materialgestützt schreiben (Seite 1/3)

1. Verfasse einen Artikel für ein „Jugendlexikon von Schülern für Schüler" über das Rittertum im Mittelalter auf Basis der Materialien und deines Wissens. Er soll folgende Schwerpunkte enthalten:
- Was macht einen Ritter aus?
- Wie wird man zum Ritter?

2. Das Jugendlexikon enthält an verschiedenen Stellen die Rubrik „Der heutige Blick". Setze dich dafür mit den Begriffen „Ehre" und „Ruhm" auseinander, wie Iwein (M1) sie stellvertretend für die damalige Ritterwelt erklärt.

Materialgestütztes Schreiben eines informierenden Textes

1. Aufgabenstellung erschließen: Thema/Aspekte, Textsorte, Anliegen, Zielgruppe, Umfang, andere gegebene Hinweise beachten
2. Material sichten und auswerten → Stoffsammlung
3. Stoffordnung (Schreibplan/einfache Gliederung)
4. Entwurf schreiben: entsprechend der Aufgabenstellung prüfen
5. Entwurf überarbeiten

Sprachliche Anforderungen: Sachlichkeit, Zielgruppe im Blick behalten, Verständlichkeit, möglichst mit eigenen Worten schreiben, Zitate kenntlich machen, auf Satzverknüpfungen achten

M1 Felicitas Hoppe: Iwein Löwenritter (Auszug)

Der Ritter Iwein ist auf Abenteuer ausgezogen und trifft einen Hirten, der wie ein Ungeheuer aussieht, und erklärt diesem, warum er unterwegs ist.

[...] „Abenteuer, was ist das?"

„Das will ich dir gern erklären", sagte Iwein. „Du siehst, wie ich bewaffnet bin. Ich nenne mich Ritter und habe im Sinn, dahinzureiten und ein Ungeheuer oder einen Mann zu suchen, der bewaffnet ist wie ich und mit mir kämpft. Es erhöht seinen Ruhm, wenn er mich erschlägt. Aber wenn ich ihn besiege, dann bin ich endlich ein richtiger Mann und habe mehr Ehre als bisher."

„Ehre, was ist das?", frage der Mann in Gestalt eines Ungeheuers.

„Du willst ein Mann sein", sagte Iwein laut lachend, „und weißt nicht, was Ehre ist?"

„Ich hüte die Tiere", antwortete der Mann in Gestalt eines Ungeheuers. „Wozu muss ich da wissen, was Ehre ist? Aber da du schon hier bist, will ich es wissen, also sag es mir!"

„Ehre", sagte Iwein, „das ist, was ein Mann braucht, um ein Mann zu sein, und ein Ritter, um ein Ritter zu sein. Die Rechnung ist einfach. Je mehr Ehre ein Mann im Leib hat, desto mehr ist dieser Mann ein Mann. Und je weniger er davon hat, desto weniger ist dieser Ritter ein Ritter. Und deshalb versteht jeder Mann sofort, dass jeder Ritter Ehre durch Ruhm suchen muss, um die Menge an Ehre im Leib zu vergrößern und immer mehr Mann und Ritter zu sein. Das ist einfache Mathematik, und deshalb suche ich Abenteuer."

So hat es Iwein erklärt. Aber der Mann in Gestalt eines Ungeheuers begriff überhaupt nicht, wovon Iwein sprach. Er fuhr sich nur ratlos durch den Bart. Dann hob er den Kopf und blickte Iwein verwundert an. Von oben bis unten.

„Ich hüte die Tiere und bin ein ehrlicher Mann", sagte er. „Aber du sprichst seltsames Zeug, ich verstehe kein Wort. Noch nie habe ich jemanden von Ehre und Ruhm und Abenteuer reden hören. Aber was ich verstehe, ist das: Erstens bedrückt dich die Langeweile, zweitens willst du etwas erleben und drittens willst du dein Leben riskieren, und zwar das ganze auf einmal. Wenn das alles ist, was du suchst, dann suchst du wohl die Gewitterquelle. Da kann ich dir helfen. Hör mir gut zu." [...]

Quelle: Felicitas Hoppe: Iwein Löwenritter. Frankfurt am Main: Fischer 2012, S. 29/30

deutsch.kompetent Stundenblätter: Das Nibelungenlied
ISBN: 978-3-12-352602-2

Über das Rittertum informieren – materialgestützt schreiben (Seite 2/3)

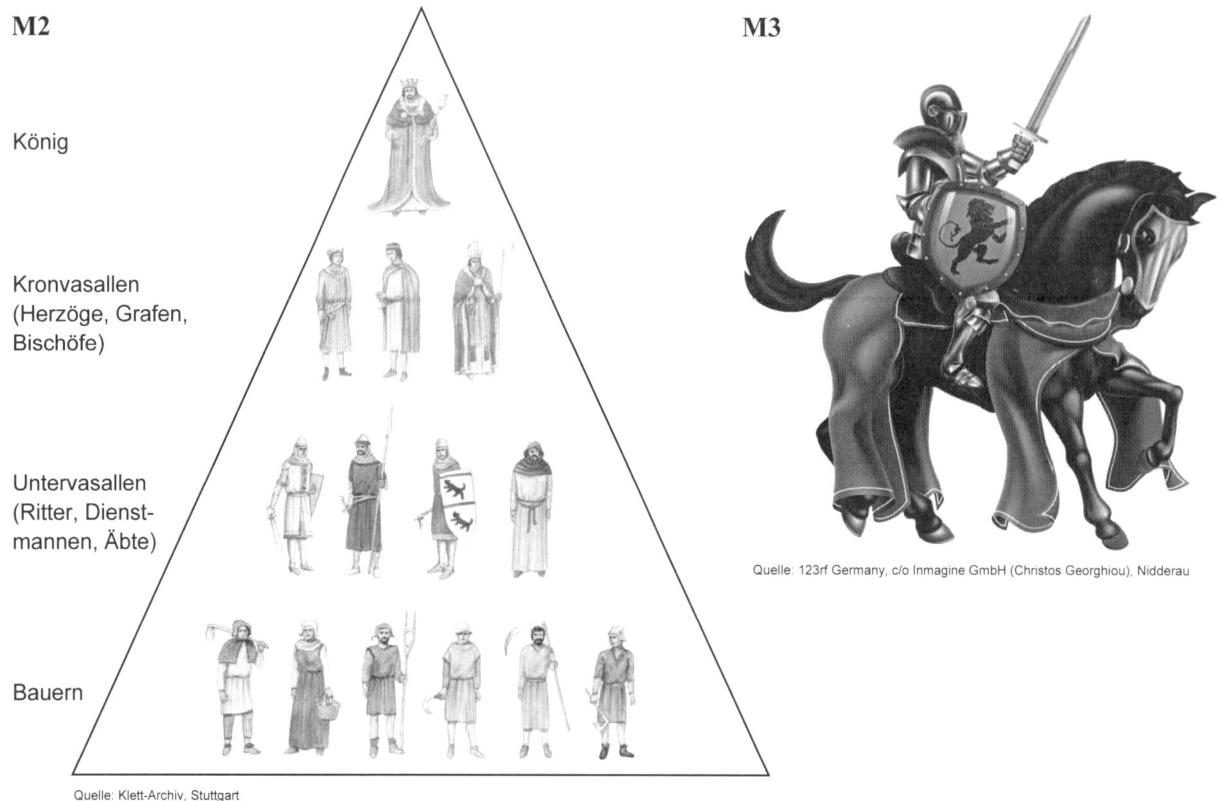

Quelle: Klett-Archiv, Stuttgart

Quelle: 123rf Germany, c/o Inmagine GmbH (Christos Georghiou), Nidderau

M4 Gottfried von Straßburg: Tristan und Isolde (Auszug)

Tristan wird von seinem Onkel, König Marke, in den Ritterstand erhoben. Nach der Schwertleite gibt dieser ihm Folgendes mit auf den Weg:

„Neffe Tristan, weil nun dein Schwert gesegnet ist, weil du nun ein Ritter bist, so denk an deinen Rang als Ritter und an dich selbst: wer du bist, in deiner Herkunft, deinem Adel – dies sollst du dir vor Augen halten. Bleib bescheiden, bleib ehrlich, such die Wahrheit, zeige Anstand, sei immer freundlich zu den Armen und vor den Reichen selbstbewusst; pflege dein Erscheinungsbild, achte, liebe stets die Frauen; sei generös[1] und loyal[2], und halte dich auch stets daran."

[1] generös: großzügig [2] loyal: treu, zuverlässig

Quelle: Gottfried von Straßburg: Tristan und Isolde. Übertragung Dieter Kühn. Frankfurt am Main: Fischer 2008, S. 137

M5 Der Knabe wird zum Ritter

Der Sohn eines Ritters musste eine lange Ausbildung durchlaufen, bevor er Ritter wurde. Bis zum siebten Lebensjahr lebte er unter der Obhut der Frauen, manchmal auch am Hof eines anderen Adligen und diente den Damen als Page. So lernte er zuerst das höfische Benehmen. Mit 12 oder 13 Jahren begann der Dienst als Knappe eine Ritters. Als Helfer und Begleiter seines Herrn lernte er den Umgang mit den Waffen. Bei Turnieren half der Knappe dem Ritter beim Anlegen der schweren Rüstung.
Er war auch für den Transport und die Pflege der Ausrüstung, v.a. der Pferde, zuständig. Mit etwa zwanzig Jahren wurde der junge Mann in einer feierlichen Zeremonie, der so genannten Schwertleite, zum Ritter geschlagen.

deutsch.kompetent Stundenblätter: Das Nibelungenlied
ISBN: 978-3-12-352602-2

Über das Rittertum informieren – materialgestützt schreiben (Seite 3/3)

M6 Turniere

Als „Turnier“ bezeichnet man die für das Mittelalter charakteristischen Kampfspiele, bei denen Ritter und Knappen vor einem begeisterten Publikum ihre Geschicklichkeit im Waffenhandwerk und ihren Mut unter Beweis stellen konnten. Auf Turnieren zu kämpfen war für jeden echten Ritter nicht nur ein Vergnügen, die Teilnahme bedeutete auch eine hohe Ehre. Das Mittelalter kannte drei unterschiedliche Formen des Turniers: „Buhurt“, „Tjost“ und „Turnei“.

Der Buhurt war ein Massenkampf zwischen zwei gleich großen und gleich starken Heerhaufen. Das abgesteckte Turnierfeld umfasste Wiesen, Wälder und Lichtungen, war also ein richtiges Schlachtfeld. Gekämpft wurde allerdings nur mit stumpfen Waffen. Sonst aber ging alles genauso zu wie im Krieg. Ein Ritter, der im Getümmel stürzte, seine Waffen verlor oder keine Luft mehr bekam und deshalb aufgeben musste, wurde vom Sieger entwaffnet und abgeführt. Als Turniergefangener schuldete er seinem Überwinder nicht nur ein Pferd, seine Rüstung und seine Waffen, sondern auch ein Lösegeld.

Im Gegensatz zum Buhurt war der Tjost ein Zweikampf. Er begann stets mit einem Lanzenstechen. Die Regeln konnten aber vorsehen, dass die Gegner nach mehreren Runden absteigen mussten, um das Gefecht zu Fuß und mit dem Schwert fortzusetzen. Nicht selten wurde beim Tjost auch mit scharfen Waffen gefochten.

Ein Mittelding zwischen Buhurt und Tjost war der „Turnei“. Hier kämpften auf einem kleinen Turnierfeld zwei überschaubare Gruppen mit stumpfen Lanzen gegeneinander. Sieger war die Partei, die im Kampf Mann gegen Mann die meisten Gegner aus dem Sattel werfen konnte.

Vermutlich fanden die ersten Turniere um die Mitte des 11. Jahrhunderts in Nordfrankreich statt. Verbreitet hat sich der später so beliebte Kampfsport aber erst zu Beginn des 12. Jahrhunderts. Danach wurden Turniere neben Krieg und Jagd rasch zur Lieblingsbeschäftigung der Ritterschaft und dementsprechend immer häufiger, vielseitiger und prächtiger – bis Kaiser und Könige schließlich wahre Turnier-Orgien veranstalteten, mit tausenden von Teilnehmern und zigtausenden von Zuschauern.

Quelle: Was ist was? Band 88. Ritter. Nürnberg: Tessloff 2003, S. 32 f.

M7 Das Familienleben der Ritter

Wenn ein Ritter verheiratet war und auf seiner eigenen Burg einzog, änderte sich sein Leben. Von nun an war er Burgherr – und damit Lehnsherr. Das heißt, ihm unterstanden Lehnsmänner, Felder, Wälder, Siedlungen. Seine Frau hatte er in der Regel nicht aus Liebe geheiratet, sondern aus Vernunft und nach familiären Absprachen. Organisation und Verwaltung des Burgalltags unterstanden der Burgherrin, die auch die meist strenge Erziehung der Kinder übernahm. Nur den Jungs widmete sich der Ritter gelegentlich selbst, wenn er sie in Waffenkunde und ritterlichem Verhalten schulte oder mit ihnen kleine Spiele mit Holzwaffen veranstaltete. Die Familie schlief nicht selten in einem Raum, mitunter sogar in einem Bett. An der Anzahl der Räumlichkeiten, die eine Burg hatte, konnte man auch den Reichtum eines Ritters ablesen. Doch nicht alle Ritter lebten auf einer Burg, manche besaßen nur ein Gehöft in einem Dorf und waren gewissermaßen Großbauern. Auf dem Feld oder im Stall arbeiteten aber auch diese Ritter eher nicht, sondern sie hatten dafür ihr Gesinde. Sie waren so etwas wie frühe Manager.

M8 Aufbau eines Lexikonartikels

Überschrift
1. *Vorinformierende Einleitung mit Definition*
2. *Aspekt 1*
3. *Aspekt 2*
   …
4. *Beispiel(e)*
   …

deutsch.kompetent Stundenblätter: Das Nibelungenlied
ISBN: 978-3-12-352602-2

Das Fest der Schwertleite (Seite 1/2)

1. Lest den Text und erklärt kurz, was eine Schwertleite ist.

Ricarda Jordan: Das Geheimnis der Pilgerin (Auszug)

[…] Unter anderem mussten das Turnier ausgeschrieben, die Gäste geladen, die Ausstattung der Knappen mit neuer Kleidung, Streitrossen und Waffen organisiert werden. Aber immerhin einigte man sich bald auf das Michaelisfest. Zu Erntedank im frühen Herbst war das Wetter immer noch schön, und so blieb genügend Zeit für die Planung und die weitere Vorbereitung der jungen Ritter. […] Es war Brauch, dass ein Burgherr die Knappen, die zusammen mit seinem Sohn die Schwertleite feierten, neu einkleidete, und das bedeutete in diesem Fall das Zuschneiden und Nähen von Beinkleidern, Hemden, Tuniken[1] und Mänteln. […]

Gerlin vermisste [Rüdiger] beim Gottesdienst, nahm allerdings an, ihn in der Menge der weiß gewandeten Jungen einfach nicht zu finden. Schließlich saß sie bei den Frauen und bemühte sich um Freundlichkeit Frau Luitgart gegenüber, während die Knappen sich vor dem Altar drängten. Und im Grunde hatte sie sowieso nur Augen für Dietrich, der an diesem Abend so schön und edel wirkte, wie ein junger Ritter es nur sein konnte. Hoch aufgeschossen und blass, aber wie von innen leuchtend stand er der Gruppe der Knappen vor. Die Schwertleite war für die meisten von ihnen etwas Heiliges, besonders für die Jungen aus französischen und normannischen Landen war der Ritterstand fest mit dem Gottesdienst verknüpft. Aus ihren Kreisen rekrutierten sich auch die meisten Mönchsorden wie Johanniter und Templer.

Für die Knappen aus deutschem Geblüt spielte die Weihe des Schwertes keine so große Rolle, aber auch sie empfanden die Ernsthaftigkeit und Festlichkeit der Stunde. Allerdings wandte sich so mancher von ihnen rasch noch zu seinen Verwandten und Freunden um, bevor diese die Kirche verließen, während Dietrich und andere, sehr ernsthafte junge Ritter bereits im Gebet versunken schienen. Trotz seiner weltoffenen Erziehung und seiner Freundschaft zu dem Juden Salomon war Gerlins versprochener Gatte tiefgläubig. Er würde zweifellos inbrünstig beten, sein Gewissen noch einmal erforschen und den Segen des Herrn für sein Schwert und seine ritterliche Laufbahn erflehen. Gerlin hoffte, dass Dietrich trotzdem noch etwas Schlaf vor dem morgendlichen Kampf finden würde. Die meisten Knappen wurden irgendwann in der Nacht von ihrer Müdigkeit übermannt.

Sie selbst fand vorerst keine Ruhe. Während Frau Luitgart und Herr Roland dem Bankett vorstanden, zu dem bereits viele der geladenen Gäste und Teilnehmer des in den folgenden Tagen angesetzten Turnieres angereist waren, strich sie unruhig durch die Gänge der Burg und fand sich schließlich auf dem jetzt verwaisten Söller[2] wieder. Zu ihrer Überraschung stieß sie dort auf Floris de Trillon. Der junge Ritter lehnte an der Brüstung und blickte auf die mit bunten Wimpeln geschmückte Kampfbahn, die Ehrentribüne unter dem seidenen Pavillon und all die kleinen und großen Zelte der Fahrenden Ritter hinab, die auf dem Gelände vor der Burg aufgebaut waren.

Im letzten Tageslicht wirkte alles sehr fröhlich und friedlich, fast als habe ein Kind die Zeltstadt aufgestellt, um am kommenden Tag mit Rittern und Knappen aus Holz zu spielen. Jetzt loderten Feuer auf – schließlich feierten auch da unten Knappen und Knechte –, und selbst im Dorf wurden Ochsen am Spieß gebraten. Die Burgherren würden ihre Leute noch tagelang zur Feier der Schwertleite beköstigen … es sei denn, man müsste das Fest abbrechen, weil es von einem bedauerlichen Unfall überschattet wurde. […]

Die Nacht verbringen die zukünftigen Ritter im Gebet in der Kirche. Am nächsten Morgen beginnt der Gottesdienst zur Schwertleite.

Der Bischof von Bamberg, Otto II von Andechs, war gekommen und las die Messe, Herr Adalbert und Floris hielten sich bereit, den Ritterschlag zu vollziehen, nachdem er das Schwert eines jeden Knappen gesegnet hatte. Dietrich würde in der Mitte der Schar an der Reihe sein, es war sein ausdrücklicher Wunsch gewesen, keine Vorzugsbehandlung zu erfahren, und so weihte man die Knappen in der Reihenfolge ihres Alters. Floris begann mit dem ältesten.

deutsch.kompetent Stundenblätter: Das Nibelungenlied
ISBN: 978-3-12-352602-2

Das Fest der Schwertleite (Seite 2/2)

Ein aufgeregter Knabe namens Burghardt von Cleve trat als Erster vor den Bischof und errötete, während der ihn mit seinem Schwert gürtete und die rituellen Worte sprach: „Herr, segne dieses Schwert, sodass es ein Schutz für die Kirchen, Witwen und Waisen und alle Diener Gottes sei vor der Raserei der Heiden!“ […]

Als Dietrich schließlich vortrat, übernahm Floris den Dienst mit den Sporen, während Adalbert von Uslar feierlich den Ritterschlag vollzog. Aber der alte Ritter war nicht bereit, gleich wieder abzutreten. Er genoss diesen Augenblick ebenso wie sein Schützling und mochte nicht darauf verzichten, Dietrich ein paar feierliche Worte mit auf den Weg zu geben: „Von heute an seid Ihr ein Ritter, und es geziemt sich, dass ich Euch erzähle, was zur Ritterlichkeit gehört. Ein Ritter muss kühn, höflich, großzügig, treu und von angenehmer Rede sein, unerbittlich seinen Feinden gegenüber, offen und freundlich zu seinen Freunden. Der hat ein Anrecht auf den Ehrennamen Ritter, der sich mit Waffen bewährt und damit die Anerkennung der Leute erlangt. Trachtet deswegen danach, an diesem Tag und an allen folgenden Tagen Eures Lebens, Taten zu vollbringen, die der Erinnerung wert sind, denn jeder neue Ritter sollte einen guten Anfang machen!“

Dietrichs Augen leuchteten auf, als der alte Ritter ihn anschließend umarmte – nicht unbedingt dem Brauch entsprechend, aber freundlich und ermutigend. Er schien beflügelt, als Floris ihm die Sporen anlegte – goldene Sporen in seinem Fall, hier konnte er sich der Bevorzugung nicht entziehen.

[1] Tunika: ärmelloses, vorn offenes Übergewand

[2] Söller: balkonartiger Anbau, der vom Erdboden aus gestützt wird

Quelle: Ricarda Jordan: Das Geheimnis der Pilgerin. Historischer Roman. Köln: Bastei Lübbe 2011, S. 93-112, stark gekürzt

____

____

____

2. Schildert aus der Sicht eines Neu-Ritters, wie dieser die Schwertleite erlebt hat.

Schildern eines Ereignisses

Das Verb „schildern“ stammt vom mittelhochdeutschen Wort „schilt“ (der Schild mit einem Wappen) ab. Schildern (mhd. schiltære) war demnach das Wappen ausmalen. In heutiger Übertragung ist es das „Ausmalen“ einer Situation, eines Ereignisses, einer Begebenheit. Das Wiedergeben von Eindrücken ist eine sehr subjektive Art der Darstellung.

- Ein Erlebnis steht im Mittelpunkt.
- Nicht WAS sich ereignet hat, ist von Interesse (Bericht), sondern WIE es sich ereignet hat.
- Details, die den Eindruck ausgelöst bzw. verstärkt haben, werden anschaulich wiedergegeben.
- Teilwahrnehmungen/Teileindrücke werden gesammelt.
- Ziel ist es, andere die Situation nachempfinden zu lassen.
- Sprache: Präsens, anschauliche Verben, treffende Adjektive und Partizipien, bildhafte Sprache (z. B. Metaphern, Vergleiche, Aufzählungen)

3. Gebt euch in einer Schreibkonferenz gegenseitig eine detaillierte Rückmeldung zu Inhalt, Ausdruckweise und sprachlicher Umsetzung.

deutsch.kompetent Stundenblätter: Das Nibelungenlied
ISBN: 978-3-12-352602-2

Die erste Begegnung zwischen Kriemhild und Siegfried (Seite 1/1)

1. Lest die erste Begegnung zwischen Kriemhild und Siegfried nach (S. 23–27) und fasst diese mit eigenen Worten knapp zusammen.

Quelle: Baker, Emilie Kip, Stories from Northern Myths, The Macmillan Company, New York 2014, page 240

2. Vergleicht das Verhalten der beiden während der Begegnung. Füllt dazu die Tabelle aus.

Siegfrieds Verhalten	Kriemhilds Verhalten

3. Zitiert Textstellen, die deutlich machen, wie die anwesenden Beobachter die Begegnung verfolgen.

4. Schreibt am Abend einen Tagebucheintrag aus der Sicht von Siegfried oder Kriemhild, in dem sie die Ereignisse und Eindrücke des Tages aus ihrer Sicht darstellen.

Illustration: Inge Voets, Berlin

deutsch.kompetent Stundenblätter: Das Nibelungenlied
ISBN: 978-3-12-352602-2

Die Brünhild-Episode (Seite 1/1)

1. Lest noch einmal das erste Kapitel der Brünhild-Episode (S. 27–31) und arbeitet die Motive der handelnden Figuren heraus. Ergänzt die Übersicht.

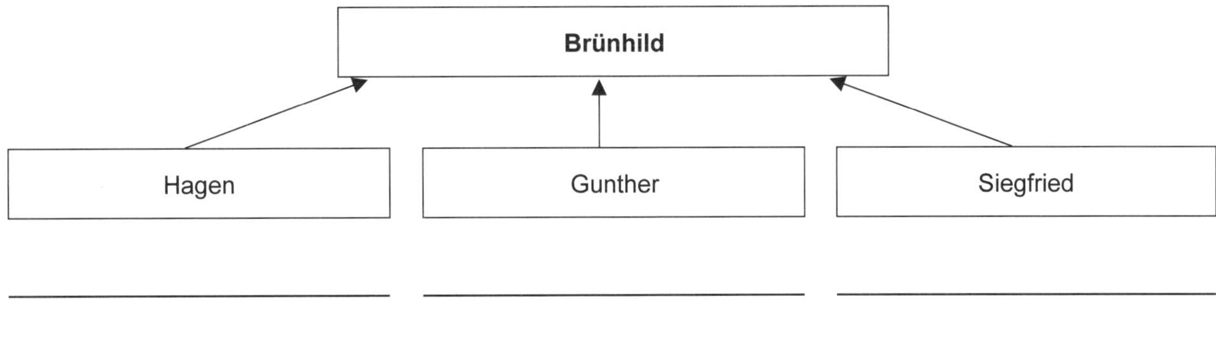

2. Schreibt einen Kommentar über die Wettkämpfe zwischen Brünhild und Gunther für eine Tageszeitung. Achtet darauf, was ein Journalist wissen kann und was nicht. Arbeitet mit einem Partner zusammen. Einer verfasst den Artikel für die „Eisland-Zeitung" und der andere für den „Wormser Boten". Vergleicht im Anschluss die Darstellung desselben Ereignisses für die beiden unterschiedlichen Zeitungen.

3. Beschreibt Brünhild, die Königin von Eisland, wie sie am Anfang dargestellt wird, und vergleicht sie mit der Brünhild nach dem Wettkampf. Füllt die Tabelle aus.

Brünhild vor dem Wettkampf	Brünhild nach dem Wettkampf

deutsch.kompetent Stundenblätter:
Das Nibelungenlied
ISBN: 978-3-12-352602-2

Brünhild – eine Figur charakterisieren (Seite 1/1)

1. Lest noch einmal die Kapitel der Brünhild-Episode auf Eisland und sammelt alle Informationen über die Königin, direkte und indirekte Charakterisierungen, in einer Mindmap.

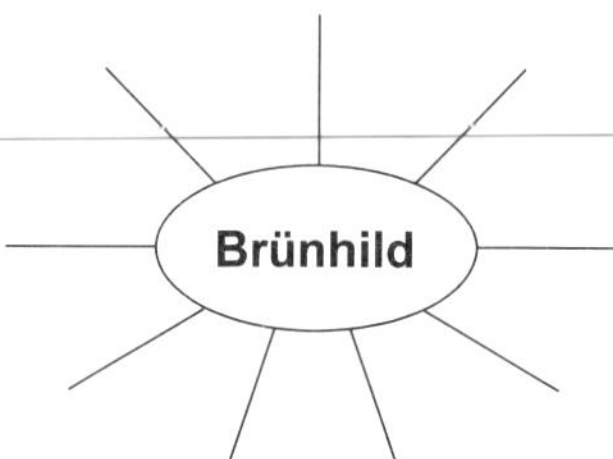

Eine Figur charakterisieren

- direkte Charakterisierung: Beschreibungen und Wertungen durch die Figur selbst, andere Handelnde oder den Erzähler (z. B. Lebenssituation, Verhalten, Aussehen, Mimik, Gestik, Kleidung, Sprache, Beziehungen)
- indirekte Charakterisierung: Schlussfolgerungen zum Wesen der Figur (z. B. aus Gedanken, Gefühlen, Verhalten, Einstellungen, Interessen, Beziehungen)

2. Verfasst eine Rollenbiografie für Brünhild.

Ich bin Brünhild, die Königin von Eisland...

Eine Rollenbiografie schreiben

Eine literarische Figur stellt sich selbst vor und begründet ihr Verhalten (in einer bestimmten Situation). Sie hält sich dabei an die Textvorlage, wobei allerdings logische und nachvollziehbare, überzeugende Ergänzungen bzw. Deutungen (Schlussfolgerungen) möglich sind.

Mögliche Leitfragen:

- Wer bin ich? Wo komme ich her?
- Was will ich? Was ist mein Ziel?
- Was treibt mich in meinem Handeln an?
- Wer sind meine Freunde/Feinde?

deutsch.kompetent Stundenblätter: Das Nibelungenlied
ISBN: 978-3-12-352602-2

Die beiden Königinnen vergleichen (Seite 1/1)

1. Vergleicht in der Tabelle die beiden Königinnen Kriemhild und Brünhild miteinander.
- Lest dazu noch einmal entsprechende Textstellen nach, vor allem das Kapitel „Wie die Königinnen einander beschimpften“ (S. 61–65).
- Tragt zusammen, wie es zu dem Streit kam.
- Überlegt, welche Meinung die beiden Königinnen voneinander haben und was das mit dem Kampf um Brünhild auf Eisland zu tun hat.
- Welche Schlussfolgerungen haben die beiden gezogen?

	Kriemhild	**Brünhild**
Herkunft, Familie		
Ehegatte		
Königin	von ...	von ...
Aussehen		
Charakter-eigenschaften		
Meinung von der anderen Königin und deren Hof		
Darstellung des Kampfes um Brünhild		
Schlussfolgerungen		

deutsch.kompetent Stundenblätter: Das Nibelungenlied
ISBN: 978-3-12-352602-2

Den Streit der Königinnen inszenieren – szenisch interpretieren (Seite 1/2)

1. Bewertet den Streit der beiden Königinnen vor dem Dom zu Worms. Arbeitet in Kleingruppen zusammen, um ihn als Stegreifspiel aufzuführen.

Ein Stegreifspiel inszenieren
Ein Stegreifspiel ist ein relativ spontanes Rollenspiel, bei dem Schülerinnen und Schüler gewissermaßen literarische Figuren zum Leben erwecken. Es gibt keinen ausformulierten oder gar mit Regieanweisungen versehenen Text. Ziel ist es, eine bestimmte Situation szenisch darzustellen.

Vorbereitungsphase:
- Lest die Szene/das Kapitel/den Auszug (mehrfach) genau.
- Notiert euch in Stichpunkten, welche Figuren, welche Orte, welche Handlungen wichtig sind.
- Erstellt eine Liste der handelnden Figuren.
- Bestimmt in eurer Gruppe, wer welche Rolle übernimmt.
- Benennt einen Regisseur/eine Regisseurin, der/die die Leitung und Koordination übernimmt.

Durchführungsphase:
- Findet einen Anfang für eure Szene. Dabei müsst ihr entscheiden, ob durch die Regie oder einen Erzähler einführende Worte gesprochen werden oder eine Figur geschickt die Handlung eröffnet.
- Erstellt einen Überblick über die Handlungsschritte der Szene, damit ihr ein Gerüst habt, an dem sich euer Spiel orientieren kann.
- Legt Stichworte fest, auf die die einzelnen Spielenden reagieren, um im Fluss der Handlung zu bleiben.
- Wie sollen eure Figuren agieren? Ihr solltet entscheiden, welche Eigenschaften ihr euren Figuren zuschreibt. Dazu gehören auch Mimik und Gestik im Auftreten.
- Die Textvorlage ist die Basis für eure Arbeit, an deren Handlung darf nichts verändert werden. Dennoch ist bei der Umsetzung euer Spielraum sehr groß.
- Standbilder können bei der Vorbereitung helfen, z. B. Nähe und Distanz zwischen Figuren zu klären.
- Das, was eure Figuren sagen, formuliert ihr nicht aus. Um authentisch zu wirken, solltet ihr anhand von Stichworten relativ frei sprechen.
- Requisiten und ein Bühnenbild können auch in einem Stegreifspiel eingesetzt werden.

Spielphase:
- Versucht, möglichst locker bei der Aufführung zu sein. (Fehler passieren, das ist nicht schlimm.)
- Ihr führt ein Stegreifspiel auf, daher kann es mitunter spontane Äußerungen geben, auf die man reagieren muss. Konzentriert euch folglich nicht nur auf eure Rolle, sondern achtet auch auf eure Mitspieler.

Auswertungsphase:
- Achtet genau darauf, inwieweit die Gruppen die Textvorlage umsetzen und ob eigene Ideen die Wirkung der Szene eher unterstützen oder eher stören.
- Bewertet das Spiel des Darstellerteams: z. B. Mimik, Gestik, Anschlussreaktionen, Sprechart, Bezug aufeinander.
- Gebt euch ein durchdachtes, begründetes und faires Feedback.

2. Entwickelt gemeinsam Kriterien für eine Beurteilung eurer Stegreifspiele und schreibt sie auf.

deutsch.kompetent Stundenblätter: Das Nibelungenlied
ISBN: 978-3-12-352602-2

Den Streit der Königinnen inszenieren – szenisch interpretieren (Seite 2/2)

3. Ergänzt zur Vorbereitung eures Rollenspiels die folgende Übersicht.

Quelle: ShutterStock.com RF (Harald Lueder), New York, NY

Figuren:

Kriemhild ______________________

Brünhild ______________________

Ort der Handlung: ______________________

____

Anfang: ______________________

____

____

Handlungsschritte und Ideen zur Ausgestaltung:

____ ______________________

____ ______________________

____ ______________________

____ ______________________

____ ______________________

____ ______________________

____ ______________________

____ ______________________

____ ______________________

____ ______________________

Ende: ______________________

____

____

deutsch.kompetent Stundenblätter: Das Nibelungenlied
ISBN: 978-3-12-352602-2

Verrat an Siegfried – eine Figurenkonstellation erstellen (Seite 1/1)

1. Ergänzt in der folgenden Grafik durch weitere Pfeile und das Eintragen von Stichwörtern, in welcher Beziehung die genannten Figuren jeweils zueinander stehen und welche Motive ihr Handeln bestimmen.

„Man muss Siegfried töten", sagte Hagen. (S. 66, Z.12)

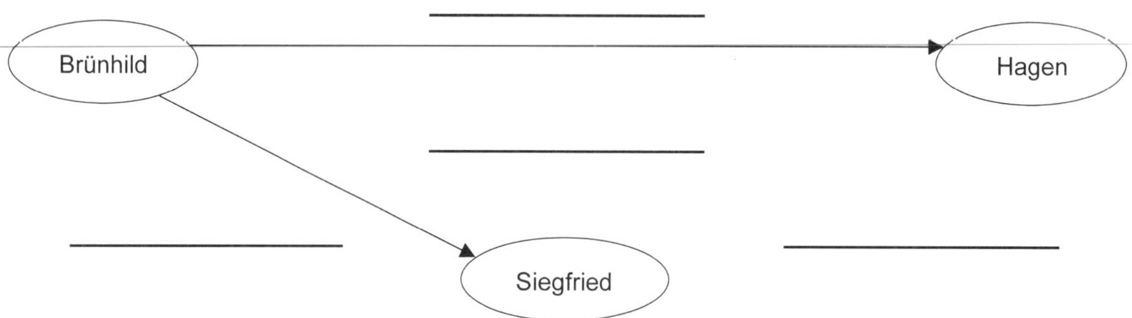

Eine Figurenkonstellation erstellen

Mithilfe einer Figurenkonstellation kann man eine Szene/einen Abschnitt eines Textes erschließen, indem man die Beziehungen der Protagonisten zueinander grafisch darstellt.

- Schreibt die Namen der handelnden Figuren auf ein Blatt mit großzügigem Abstand zueinander, z. B. kann man bei vier Figuren die vier Ecken des Blattes nutzen.
- Pfeile zeigen an, in welche Richtung die Handelnden zueinander agieren, z. B. wenn A und B verwandt sind, dann ist der Pfeil zwischen ihnen beidseitig.
- Über oder unter die Verbindungslinien schreibt ihr die Art ihrer Beziehung, z. B. A vertraut B nicht.
- Es muss nicht zwischen allen Figuren ein nennenswertes Verhältnis bestehen.

2. Lest das Kapitel „Wie Siegfried verraten wurde" (S. 67–71) und erstellt dafür selbst eine Figurenkonstellation.

„Jeder Zauber hat seine taube Stelle!" (S. 67, Z. 2)

Hagen

Kriemhild

Siegfried

deutsch.kompetent Stundenblätter:
Das Nibelungenlied
ISBN: 978-3-12-352602-2

Über Siegfrieds Tod berichten (Seite 1/1)

1. Welche Medien nutzt ihr, um euch über aktuelles Tagesgeschehen zu informieren?
Diskutiert darüber, welche Vor- und Nachteile diese Medien haben, und ergänzt die Tabelle.

Medium				
Vorteile				
Nachteile				

2. Die Medien in Worms erfahren durch einen anonymen Informanten vom Tod Siegfrieds an der Quelle. Berichtet aktuell über diesen Mordfall.

Quelle: Interfoto (CCI), München

- Ihr könnt einen Zeitungsartikel, einen Blogeintrag, einen Vlog (Videoblog) oder einen Beitrag für eine Nachrichtensendung im Fernsehen gestalten. (Es macht einen inhaltlichen Unterschied, ob ihr euch an der Quelle oder im Schloss befindet.)
- Arbeitet in Kleingruppen zusammen.
- Die szenisch arbeitenden Gruppen müssen ihre Rollen verteilen. Beachtet beim Spielen auch die Hinweise im Kasten unten.
- Tragt zunächst zusammen, was ihr als Reporter alles wissen könnt. Verwendet auch die W-Fragen, die euch vom Berichten her bekannt sind.
- Überlegt genau, welche Gesprächspartner für ein Interview zur Verfügung stehen könnten und was diese mitzuteilen bereit sind.

Hinweise zum szenischen Spiel

- Haltet euch an die Fakten und die Erzählsituation. Erfindet nur Figuren und Informationen, die allen plausibel erscheinen.
- Arbeitet konzentriert zusammen und verstrickt euch nicht in Ideen, die den zeitlichen Rahmen sprengen.
- Bestimmt unbedingt einen Zeitwächter, der die vorgegebene Arbeitszeit im Blick behält.
- Requisiten und Kostüme gestalten ein szenisches Spiel anschaulicher.
- Schreibt ein Drehbuch, aber formuliert die Sprechtexte nicht aus, sondern nutzt Stichpunkte, damit es im Spiel nicht vorgelesen klingt.
- Probt euren Auftritt mindestens einmal. Die Regie darf letzte kleine Veränderungen vornehmen.

deutsch.kompetent Stundenblätter:
Das Nibelungenlied
ISBN: 978-3-12-352602-2

Kriemhild wird Königin der Hunnen (Seite 1/2)

1. Lest den Beginn des zweiten Teils des Nibelungenliedes (S. 88–96) noch einmal und stellt die wesentlichen Handlungsschritte grafisch dar. Ergänzt dazu die bereits begonnene Übersicht.

Ausgangssituation Kriemhilds: ______________________

____

König Etzels Werben um sie: ______________________

____

Reaktion der Brüder	**Kriemhilds Überlegungen**	**Reaktion Hagens**
______	______	______
______	______	______
	______	

2. Verfasst für Kriemhild einen inneren Monolog, in dem sie ihre Entscheidung, König Etzels Frau zu werden, begründet.

____

____

____

____

____

____

Einen inneren Monolog verfassen

Ein innerer Monolog ist ein „Selbstgespräch" einer Figur, in dem sie sich und ihre Beweggründe vorstellt. Während wir mitunter in Gedanken mit uns selbst reden, spricht die literarische Figur das aus, was ihr durch den Kopf geht und lässt so die Lesenden bzw. im Theater das Publikum an ihrem Gedankengang teilhaben. Ein innerer Monolog kann sich auch an eine bestimmte Figur richten, wenn beispielsweise eine Bitte an jemanden „geprobt" wird. Er steht im Präsens und ist in Alltagssprache verfasst. Es können unvollständige Sätze, Gedankensprünge, Fragen und Ausrufe (z. B. Ach, Oh, Weh mir) vorkommen.

- Versetzt euch in die entsprechende Figur und ihre Situation.
- Notiert in Stichpunkten die Gedanken, Gefühle, Beweggründe der Figur.
- Vergleicht eure Ideen mit der Textvorlage und entwerft einen knappen Schreibplan.
- Verwendet ausdrucksstarke Verben und Adjektive.

deutsch.kompetent Stundenblätter: Das Nibelungenlied
ISBN: 978-3-12-352602-2

Kriemhild wird Königin der Hunnen (Seite 2/2)

3. Kriemhild gelingt es, die Burgunder zum Sonnenwendfest einzuladen. Ergänzt das Flussdiagramm, indem ihr die Etappen notiert, wie die Wormser an Etzels Hof kommen.

Auslöser für Kriemhilds Einladung: ______________________________

____

____

↓

Reaktion in Worms: ______________________________

____

____

↓

Etappen der Reise:

______ →	______ →	______ →	______ →	______

↓

Ankunft und Empfang auf der Burg Etzels: ______________________________

____

____

____

____

4. Arbeitet Unterschiede zum ersten Teil des Nibelungenliedes (Siegfried und Kriemhild) heraus, und notiert in Stichpunkten, was sich verändert hat.

Nibelungen: ______________________________

Burgunder: ______________________________

Kriemhild: ______________________________

Brünhild: ______________________________

Niederlande: ______________________________

Worms: ______________________________

deutsch.kompetent Stundenblätter: Das Nibelungenlied
ISBN: 978-3-12-352602-2

Frauen auf der Burg (Seite 1/1)

1. Beschreibt, wie es Kriemhild im Land der Hunnen ergeht. Lest dazu noch einmal den Abschnitt S. 98–103.

____

____

____

____

2. Erläutert anhand eurer Kenntnisse aus der Lektüre (vgl. auch S. 191–194), dem Geschichtsunterricht und mithilfe der folgenden Texte, wie der Alltag von Frauen auf einer Burg aussah.

Wie wurden junge Mädchen erzogen?

Das Lebensziel der Töchter aus dem Adel stand fest: Sie sollten standesgemäß heiraten, Kinder bekommen und imstande sein, einen Burghaushalt zu führen. Sie erhielten ihre Erziehung meist auf der väterlichen Burg. Die wichtigste Lehrerin war die Mutter, der die Mädchen bei ihren täglichen Aufgaben zur Hand gingen.
Unverheiratete oder verwitwete Frauen aus der Verwandtschaft brachten ihnen das Spinnen, Sticken und Nähen bei. [...] [W]ährend der Handarbeiten wurde gesungen, musiziert und vorgelesen. Mädchen waren oft gebildeter als Jungen, denn sie konnten meist lesen und schreiben. Manche kannten in Versform geschriebene Rittersagen auswendig. Da viele der beliebten Ritterromane in Englisch oder Französisch geschrieben waren, lernten sie auch Fremdsprachen.

Quelle: Was ist was? Burgen. Nürnberg: Tessloff 1998, S. 31

Dem Manne untertan

Schwach und dem Manne unterworfen, so sieht die Kirche die Frau – aber auch als Verführerin, sündhaft und verdorben, ein Hindernis auf dem Pfad der Tugend. [...] Ihre Heirat arrangieren andere. Liebe spielt dabei keine Rolle. [...] Nie sind die Frauen selbstbestimmt, immer unter Vormundschaft: von Vater, Bruder, Ehemann. Wichtige Rechtsgeschäfte der Frauen müssen in der Regel vom Gatten geführt oder gestattet werden. In höchsten Sphären, immerhin, sind den Frauen weniger enge Grenzen gesetzt. In vielen Reichen dürfen die Gattinnen von Herrschern bei Abwesenheit oder nach dem Tod des Mannes regieren – wenn auch nur so lange, bis der eigentliche Thronfolger mündig ist. Ganz ohne Autorität sind die Frauen nicht: In Haushalt und Familie haben sie das Sagen, etwa bei der Erziehung der Kinder. Oder auf der Burg, wenn der Herr abwesend ist, im Krieg oder auf Reisen. [...]

Quelle: Dem Manne untertan. In: GEO Epoche. Die Welt der Ritter. Heft 94. Hamburg: 2018, S. 87 ff.

3. Verfasst einen Brief einer Kammerzofe Kriemhilds an ihre Familie, in dem sie über ihren Alltag berichtet.

4. Positioniert euch zu Kriemhilds Klage: „... [D]as ärmste Weib am Rhein lebt besser als ich.“ (S. 102, Z. 11 f.)

____

____

____

____

deutsch.kompetent Stundenblätter: Das Nibelungenlied
ISBN: 978-3-12-352602-2

Der Untergang der Nibelungen (Seite 1/1)

1. Sucht euch in Partnerarbeit eine Kampfszene aus dem letzten Teil des Nibelungenliedes aus und entwickelt dazu ein Standbild.

Ein Standbild bauen

Ein Standbild ist gewissermaßen ein Foto mit lebenden Personen, die die Rollen der handelnden Figuren in einer Momentaufnahme übernehmen. Dabei sollen das Verhältnis der Akteure zueinander sowie ihre Gefühle, Gedanken und Reaktionen durch Mimik und Gestik deutlich werden. Wie Knetmasse kann die Regie die Figuren modellieren, bis das Ergebnis seinen Vorstellungen entspricht.
Bei der Auswertung beschreiben zunächst die Beobachtenden, was sie sehen. Dann erklärt die Regie ihre Absichten. Das Standbild bleibt während der Diskussion erhalten.

2. Listet in einer Tabelle auf, wer im großen Kampf am Ende des Nibelungenliedes nacheinander durch wen und auf welche Weise fällt bzw. ums Leben kommt.

Name	getötet/gefangen genommen durch ...	Art und Weise

3. Diskutiert darüber, wie die Gewaltdarstellungen im Nibelungenlied auf euch wirken. Bezieht eigene Leseerfahrungen anderer Texte oder Medien (Filme/Serien/Videospiele) mit ein. Untersucht vor allem die sprachliche Darstellung der Gewaltszenen im Nibelungenlied und notiert Stichpunkte zur Wirkung.

____

____

4. Am Grab von Kriemhild und Ortlieb werden Trauerreden gehalten. Verfasst die Rede von Etzel oder der angereisten Königin Ute oder von einem neutralen Trauerredner.

____

____

____

____

____

deutsch.kompetent Stundenblätter: Das Nibelungenlied
ISBN: 978-3-12-352602-2

Das Lied der Rätsel – einen Sachtext erschließen (Seite 1/2)

1. Erschließt den folgenden Sachtext mit der Fünf-Schritt-Lesemethode (Text überfliegen – Fragen stellen – gründlich lesen – Wichtiges zusammenfassen – wiederholen).
- Klärt unbekannte Wörter mit einem Wörterbuch, einem Lexikon oder aus dem Kontext.
- Gliedert den Text in Abschnitte und formuliert für jeden Abschnitt eine Überschrift.

Monika Dreykorn: Lied der Rätsel

Aktenzeichen Nibelungenepos – ungelöst

Die Forschungen rund um die Entstehung des Nibelungenliedes lesen sich wie ein Kriminalfall – doch der „Täter" entzieht sich noch immer dem Zugriff der Nachforschung.

Seit der Wundarzt Jakob Hermann Obereit 1755 in der Bibliothek des Grafen von Hohenems die erste Handschrift des Nibelungenlieds fand, versuchen Forscher Tatort, Tatzeit und Täter – sprich Entstehungsort, Entstehungszeit und Autor des Heldenliedes – dingfest zu machen. Akribisch suchten Germanisten und Historiker den Text nach Belegstellen ab, zogen zeitgleiche Texte zurate und glichen Profile von Autoren ab. Vermutungen und Theorien über die Entstehung des Liedes und die Herkunft des Autors füllen ganze Bücherschränke – und doch blieben bislang die meisten Fragen offen.

Anders als in den mittelalterlichen Artus-Romanen nennt sich der Dichter im Nibelungenlied nicht ein einziges Mal selbst. Man glaubte lange, dass dies der Tradition des Heldenliedes entsprach. Das erzählt seine Geschichte immer so, als sei sie mündlich weitergegeben worden. Doch genau genommen ist bis heute nicht geklärt, ob es überhaupt je eine „Originalfassung" und damit den einen Dichter des Liedes gab. Vielleicht waren es auch eher ein Redakteur oder mehrere Rezitatoren, welche die jahrhundertelang mündlich geformten Stoffe auf Pergament festhielten, komponierten und arrangierten.

Nichtsdestoweniger gab es immer wieder Versuche, einen „Autor" zu benennen: Im Laufe der Zeit standen fast alle Dichter des 13. Jahrhunderts, wie etwa Wolfram von Eschenbach oder Walther von der Vogelweide, unter Verdacht. Doch letztlich gibt es für keinen dieser „Täter" stichhaltige Beweise.

So blieben nur Spekulationen über seinen Stand: Er sei ein wandernder Spielmann gewesen, sagten die Forscher des 19. Jahrhunderts. Später war man überzeugt, dass so genaue Kenntnisse vom höfischen Leben nur ein ritterbürtiger Ministerialer gehabt haben könne. Doch auch das erscheint heute den Wissenschaftlern nicht mehr sicher. Mittlerweile muss man wohl auch unter den gebildeten Klerikern, den Kanzleibeamten der weltlichen und geistlichen Höfe, suchen. Vielleicht war der Gesuchte auch alles zugleich!

Einengen lässt sich die Suche nach einem Täter allgemein durch die Bestimmung der Tatzeit und des Tatorts: Durch die Art, wie das höfische Zeremoniell und höfische Strukturen geschildert werden, und durch Bezüge zu zeitgleichen Dichtungen wie etwa dem „Parzival" kann man die Entstehung des Liedes auf die Jahre um 1200 festlegen.

Noch sicherer ist man sich beim Entstehungsort: Das Nibelungenlied ist wohl im Raum zwischen Passau und Wien entstanden. Die genaue Ortskenntnis, die vielen erhaltenen Handschriften aus diesem Gebiet und die mittelbayerische-österreichische Sprachfärbung sind starke Argumente. Besonders die Gegend um Passau wird im Text beim Zug der Burgunder ins Hunnenland mit einer Fülle von realen Ortschaften genauestens geschildert. Und auch die vorkommende Figur des Bischofs Pilgrim von Passau, der dort von 971 bis 991 amtierte, scheint eine heiße Spur in die Bischofsstadt zu legen.

deutsch.kompetent Stundenblätter: Das Nibelungenlied
ISBN: 978-3-12-352602-2

Das Lied der Rätsel – einen Sachtext erschließen (Seite 2/2)

Die Spur führt in die Bischofsstadt Passau

In Passau saß nämlich um 1200 auch ein passender Auftraggeber: Bischof Wolfger von Erla hatte 1191 bis 1204 den Bischofsstuhl inne und war nachweislich auch der Mäzen Walthers von der Vogelweide. So geht man heute davon aus, dass der Autor des Nibelungenliedes im Umkreis des Passauer Bischofshofs zu suchen ist.

Noch ein weiteres Mal kommt Passau ins Spiel: In der „Klage“, einer Art Anhang zum Nibelungenlied, die jedoch erst nach dem Lied selbst entstanden ist, wird ein „Meister Konrad“ genannt, der angeblich von Bischof Pilgrim von Passau mit der Niederschrift der Geschehnisse beauftragt wurde. Dies könnte eine versteckte Huldigung an den Bischof und Mäzen Wolfger gewesen sein.

Lange versuchte man aus den insgesamt 36 teils vollständigen, teils fragmentarischen Handschriften des Nibelungenliedes ein „Original“ zu rekonstruieren. Wegen seiner Fehlerhaftigkeit und Kürze sah man im 19. Jahrhundert die Hohenemser Handschrift als „originalste“ unter den Texten an. Doch mittlerweile glaubt man nicht mehr so recht an die „Originalfassung“, von der alle anderen abstammen. Vielmehr scheint möglich, dass durch das Nebeneinander von mündlicher und schriftlicher Tradition verschiedene Varianten des Textes entstanden.

Auch die Stoffgeschichte gibt uns nicht wirklich weiteren Aufschluss: Wohl schon die jahrhundertealte mündliche Überlieferung hat zwei große, unabhängige Sagenkreise ineinander verwoben. Die Siegfried-Brünhild-Kriemhild-Handlung des ersten Teils spielt nicht nur teilweise im mythischen Norden, auch ihre stoffgeschichtliche Vergangenheit fußt weniger auf historischen Sagen als auf nordischen Sagen. Bereits die „Edda“, eine altnordische Sammlung von 14 verschiedenen Liedern, und die nordische „Völsunga-Saga“ erzählen das Schicksal der wesentlichen Personen des Nibelungenstoffes. Dagegen können für den zweiten Teil, den Untergang der Burgunder beim Hunnenkönig Etzel, eher historische Wurzeln reklamiert werden, die dann episch aufbereitet wurden.

Die Ratlosigkeit über das Nibelungenlied wird nicht kleiner, wenn man sich vergegenwärtigt, wie fremd das Werk zur Zeit der höfischen Literatur erscheinen musste. In der Artus-Epik und im Minnesang wurden Fragen nach dem rechten ritterlichen Verhalten, nach Minne und Gott thematisiert. Wieso genau dann, als die höfische Romanliteratur auf ihrem Höhepunkt stand, eine „Wiedergeburt“ eines monumentalen archaischen, heroischen Heldenepos geschieht, das auf nordische, vorchristliche Mythen zurückgeht, bleibt weiterhin ein Rätsel. Gerade weil das Nibelungenlied alle anderen Heldendichtungen überragt, versucht man immer neu, das Rätsel dieses „literarischen Fremdkörpers“ zu lösen. Doch solange man nicht neue Quellen findet, wird man wohl auch weiterhin sagen müssen: „Aktenzeichen Nibelungenlied – ungelöst …“

Quelle: G Geschichte. Die Nibelungen. Heft 01/2007. Nürnberg: Sailer Verlag, S 24/25

Abschnitt 1: ____________________

Abschnitt 2: ____________________

Abschnitt 3: ____________________

Abschnitt 4: ____________________

Abschnitt 5: ____________________

Abschnitt 6: ____________________

2. Verfasst eine Inhaltsangabe zum Text.

deutsch.kompetent Stundenblätter: Das Nibelungenlied
ISBN: 978-3-12-352602-2

Nibelungendenkmäler (Seite 1/1)

1. Vor allem in Worms und Xanten gibt es eine ganze Reihe von Statuen, Erinnerungstafeln und Denkmälern zu Ehren der Nibelungensage. Beschreibt die einzelnen Erinnerungsorte auf den Abbildungen.

1 Wandrelief in Xanten

Quelle: 123rf Germany, c/o Inmagine GmbH (Erich Teister), Nidderau

2 Nibelungenquelle in Tulln/Niederösterreich

Quelle: dreamstime.com (Radiokafka), Brentwood, TN

3 Hagenstatue in Worms am Rhein

Quelle: Adobe Stock (apfelweile), Dublin

2. Ordnet den Bildern Textstellen aus dem Nibelungenlied zu.

Bild 1: ______________________________

Bild 2: ______________________________

Bild 3: ______________________________

3. Warum wurden derartige Denkmäler geschaffen? Führt eine Diskussion darüber, ob es noch zeitgemäß ist, an öffentlichen Orten an die alten Sagen zu erinnern. Notiert Argumente dafür oder dagegen.

____

____

____

deutsch.kompetent Stundenblätter: Das Nibelungenlied
ISBN: 978-3-12-352602-2

Brünhild in der Völsunga-Saga (Seite 1/2)

In der Mitte des 13. Jahrhunderts wurde im Isländischen die Völsunga-Saga aufgeschrieben. Auch sie enthält Elemente des Nibelungenliedes, unter anderem treten Sigurd, Brynhild und Atli auf, die problemlos den Figuren des deutschen Textes zugeordnet werden können. In der Völsunga-Saga sind Elemente der alten Gudrun- und der Edda-Sagen zu finden. Niederschriften entstanden etwa zur gleichen Zeit wie die des Nibelungenliedes. Welcher Sagenkreis jedoch älter ist, kann heute nicht mehr hinreichend festgestellt werden.

1. Lest den folgenden Auszug ausdrucksstark vor.

Sigurd hat den Drachen Fafnir getötet, in seinem Blut gebadet und sein Herz gegessen. Inzwischen ist er mit Gudrun verheiratet.

Sigurd gab Gudrun von Fafnirs Herz zu essen, und seitdem war sie weit grimmiger als zuvor, und auch weiser. Ihr Sohn hieß Sigmund.
Einmal ging Grimhild zu Gunnar, ihrem Sohne, und sprach: „Deine Macht steht in voller Blüte, abgesehen davon, dass du unvermählt bist. Wirb um Brynhild! Das ist die vornehmste Heirat, Sigurd wird mit dir reisen." Gunnar antwortete: „Gewiss ist sie schön, ich habe wohl Lust dazu." Er sagte es seinem Vater, seinen Brüdern und Sigurd, und alle munterten ihn dazu auf.

Sigurd durchreitet Brynhilds Waberlohe. Hochzeit Gunnars.

Darauf rüsteten sie sich mit Umsicht zur Reise, ritten dann durch Felsen und Täler zu König Budli und brachten ihre Werbung an. Er nahm sie freundlich auf, wenn s i e nicht Nein sagen würde, bemerkte aber, sie wäre zu stolz, dass sie nur den zum Manne nehmen würde, den sie wollte.
Dann ritten sie nach Hlymadalir. Heimir empfing sie wohl, Gunnar trug ihr Anliegen vor. Heimir sagte, sie hätte die Wahl, wen sie nehmen wollte; ihr Saal wäre nahebei; es wäre zu bedenken, dass sie den allein würde haben wollen, der durch das brennende Feuer ritte, das um ihren Saal entzündet wäre.
Sie fanden den Saal und das Feuer und sahen da eine Burg mit goldenem Dache, und es brannte ein Feuer draußen herum. Gunnar ritt den Goti, aber Högni den Hölvir. Gunnar spornte den Hengst gegen das Feuer, aber er wich zurück. Sigurd sprach: „Weshalb weichst du zurück, Gunnar?" Der antwortete: „Der Hengst will nicht durch dies Feuer springen", und bat Sigurd, ihm Grani zu leihen. „Das kann geschehen", erwiderte Sigurd. Gunnar ritt nun abermals gegen das Feuer, aber Grani wollte nicht gehen. Gunnar vermochte es also nicht, dies Feuer zu durchreiten. Sie vertauschten darum die Gestalten, wie Grimhild Sigurd und Gunnar gelehrt hatte. Danach ritt Sigur, er hatte Grani in der Hand und band goldene Sporen an seine Füße. Grani sprang hinein ins Feuer, als er die Sporen spürte. Da erhob sich ein großes Getöse, das Feuer begann zu rasen, die Erde begann zu erbeben, und die Lohe schlug zum Himmel empor – dies wagte keiner zuvor zu tun, und es war, als ob er im Dunkel ritte. Da legte sich das Feuer; er aber stieg vom Rosse und ging hinein in den Saal. […]

Als Sigurd über die Lohe hineinkam, fand er dort eine schöne Wohnung, und darin saß Brynhild. Sie fragte, wer der Mann wäre. Aber er nannte sich Gunnar, den Sohn des Gjuki: „auch bist du mir als Frau zugedacht mit dem Jaworte deines Vaters, wofern ich deine Waberlohe durchritte, und auch dem deines Pflegevaters nebst deiner eigenen Zusage." „Nicht weiß ich genau, wie ich darauf antworten soll", sagte sie. Sigurd stand aufrecht und sagte zu Brynhild: „Dir werde ich einen großen Brautschatz zahlen in Gold und guten Kleinoden." Sie antwortete in Kümmernis von ihrem Sitze, wie ein Schwan von der Woge, hatte ein Schwert in der Hand, einen Helm auf dem Haupte und war in einer Brünne: „Gunnar", sagte sie, „rede nicht solches zu mir, wenn du nicht jedem Manne überlegen bist; du sollst die erschlagen, die um mich geworben, wenn du dir das zutraust; ich war in der Schlacht mit dem Gardakönig, meine Waffen waren gefärbt in Männerblut, und danach verlangt mich noch jetzt."

deutsch.kompetent Stundenblätter: Das Nibelungenlied
ISBN: 978-3-12-352602-2

Brünhild in der Völsunga-Saga (Seite 1/2)

Er antwortete: „Viele Heldentaten hast du vollbracht, aber erinnere dich jetzt an dein Gelübde, dass du, wenn dieses Feuer durchritten wäre, dem Manne folgen würdest, der dies vollbrachte.“ Sie fand hier eine richtige Antwort und Merkzeichen für die Wahrheit dieser Rede, stand auf und begrüßte ihn freundlich.

Er verweilte dort drei Nächte, und sie teilten e i n Lager: Er nahm das Schwert Gram und legte es entblößt zwischen sie. Sie fragte, was das zu bedeuten hätte. Er antwortete, „es wäre ihm beschieden, dass er so die Vermählung mit seiner Frau beginge oder den Tod erlitte.“ Da nahm er den Ring Andvaranaut von ihr und gab ihr einen anderen Ring aus dem Erbe Fifnirs.

Darauf ritt er fort durch dasselbe Feuer zu seinen Gefährten: Sie tauschten wiederum die Gestalten, ritten sodann nach Hlymadalir und erzählten, wie es ergangen wäre.

Denselben Tag begab sich Brynhild heim zu ihrem Pflegevater und sagte ihm im Vertrauen, dass zu ihr ein König gekommen wäre, „er ritt durch meine Waberlohe und sagte, er käme, um mich zu heiraten, und nannte sich Gunnar – ich aber sagte, dass dies Sigurd allein vollbringen würde, dem ich Eide schwur auf dem Berge: Er ist mein erster Gatte.“ Heimir sagte, dabei müsse es sein Bewenden haben. Brynhild sprach: „Meine und Sigurds Tochter Aslaug soll bei dir aufgezogen werden.“

Die Könige kehrten heim, Brynhild aber fuhr zu ihrem Vater. Grimhild empfing sie freundlich und dankte Sigurd für seine Begleitung.

Darauf ward das Gastmahl vorbereitet, und eine große Menge Volkes kam dazu: Auch König Budli kam mit seiner Tochter, und Atli, sein Sohn. Diese Hochzeit währte viele Tage. Als sie beendigt war, da erst erinnerte sich Sigurd aller Eide, die er Brynhild geschworen hatte, verhielt sich aber ruhig. Brynhild und Gunnar saßen da, vergnügten sich und tranken guten Wein.

Quelle: Mythos Nibelungen. Stuttgart: Reclam 2013, S. 102–104, Hervorhebungen im Text übernommen, Rechtschreibung angeglichen, Übertragung: Paul Herrmann.

2. Vergleicht die Figuren und die Handlung der Episode in der Völsunga-Saga mit der entsprechenden Episode im Nibelungenlied. Tragt Gemeinsamkeiten und Unterschiede in der Tabelle zusammen.

	Völsunga-Saga	**Nibelungenlied**
Figuren		
Handlung		

3. Überlegt, warum es bei aller Ähnlichkeit der Geschichte solche Unterschiede zwischen der isländischen und der deutschen Sage geben könnte, und formuliert eine Vermutung.

deutsch.kompetent Stundenblätter:
Das Nibelungenlied
ISBN: 978-3-12-352602-2

Eine Nibelungenkarte erstellen (Seite 1/1)

1. Gestaltet für das Klassenzimmer eine Nibelungenkarte, die die Orte des legendären Heldenepos abbildet.

- Übertragt dazu die Kartenskizze auf großes Papier. Am besten ist es, wenn ihr mehrere A3-Blätter aneinanderklebt oder die Rückseite einer Tapetenrolle verwendet.
- Sucht alle realen geografischen Orte (z. B. Städte, Gebirge, Flüsse) aus dem Nibelungenlied heraus und schlagt diese im Atlas nach. Zeichnet sie in die Kartenskizze ein. Beachtet, dass ein aktueller Atlas die heutige Topografie zeigt.
- Verwendet auch historische Karten, denn manche Gebiete waren damals noch nicht besiedelt. Dazu könnt ihr auf historische Atlanten oder auch Karten im Internet zurückgreifen.
- Verfasst zu jedem geografischen Ort, der im Nibelungenlied erwähnt wird, einen kurzen Informationstext, um deutlich zu machen, was sich an diesem Ort zugetragen haben soll.
- Recherchiert in der Bibliothek und im Internet, ob es an diesen Orten Erwähnungen, Erinnerungen oder sogar Denkmäler für das Nibelungenlied gibt. Ihr könnt die Karte durch Fotos oder Bilder ergänzen.

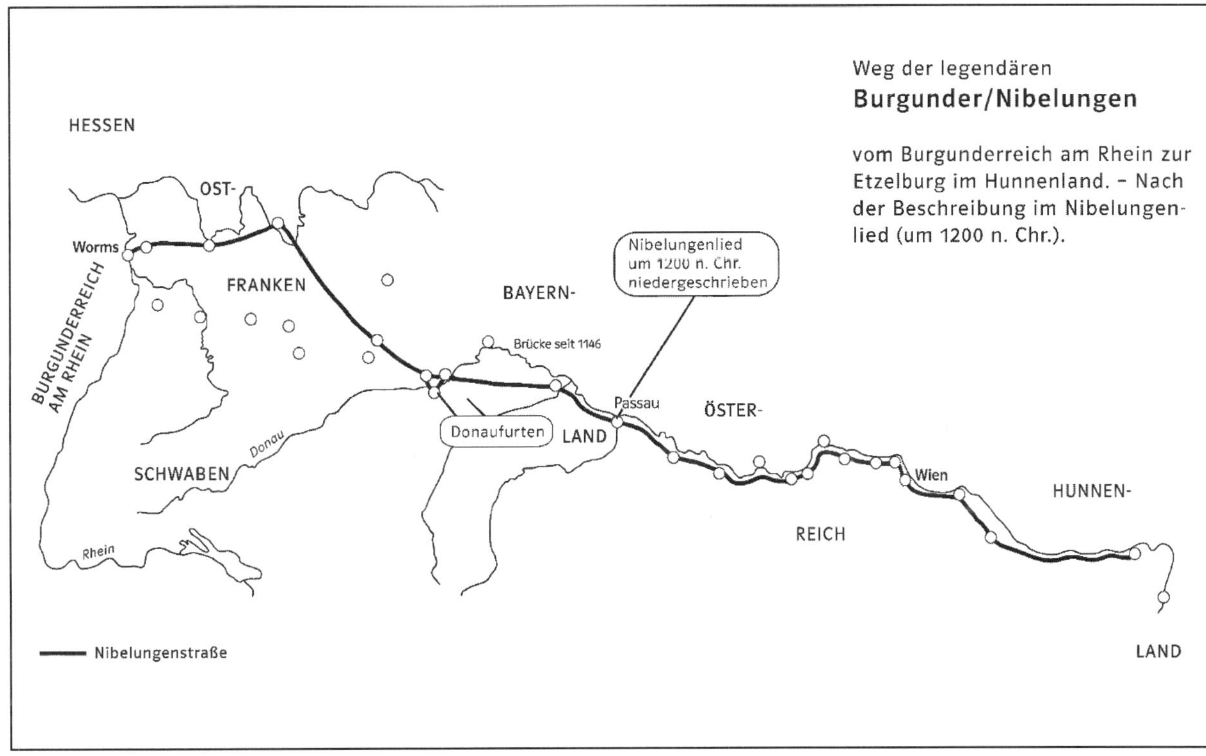

Quelle: Klett-Archiv (Andrea Mix), Stuttgart

deutsch.kompetent Stundenblätter: Das Nibelungenlied
ISBN: 978-3-12-352602-2

Klassenarbeit/Schulaufgabe (Seite 1/1)

1. Ordne den folgenden Ausschnitt in die Handlung ein, indem du knapp darstellst, wie es zu der Episode kam.

Das Nibelungenlied. Neu erzählt von Franz Fühmann (Auszug)

Alberich befahl seinen Zwergen, den Schatz aus dem Berg zu fahren. Da fuhren zwölf Lastwagen vier Tage und Nächte lang vom Berg zum Schiff, und sie fuhren des Tags und der Nacht je dreimal, und sie fuhren Gold und Edelgestein. Wenn man die ganze Welt gekauft hätte, so wäre der Hort noch nicht um ein Pfund gemindert worden. Hagen wusste, wonach er verlangte.
Als der Hort nach Worms kam, füllte er alle Kästen und Truhen Kriemhilds und darüber hinaus noch alle Türme ihres Palastes und einen Großteil seiner Gemächer, und doch hätte sie tausendmal mehr drangegeben, wäre Siegfried davon wieder heil geworden. So große Treue findet man selten.
Der Hort zog unzählige Recken an den Rhein. Kriemhild empfing sie alle und verschenkte die Schätze mit vollen Händen. Ihr Ruhm war fabelhaft und man pries sie in allen Landen der Christenheit als edelste Frau. Da sagte Hagen: „Wenn wir noch lange tatenlos zusehen, wird sie mitten in unserem Reich ein gefährliches Heer auf die Beine bringen!" Da sagte König Gunther: „Was können wir denn dagegen tun? Es ist doch ihr Eigentum; wer sollte ihr vorschreiben, wie sie es verwendet! Ich bin froh, dass ich mit ihr ausgesöhnt bin; ich denke nicht daran, mich in ihre Geschäfte zu mischen!"
Da sagte Hagen: „Ein redlicher Mann vertraut keinem Weib solch einen Schatz an! Es wird Euch gereuen, wenn Ihr stille haltet!" Da sagte Gunther: „Sie ist meine Schwester. Ich habe geschworen, ihr nicht weh zu tun. Daran will ich mich halten!" – „So lasst mich wieder der Schuldige sein!", erwiderte Hagen.

Quelle: Das Nibelungenlied. Neu erzählt von Franz Fühmann. Stuttgart/Leipzig: Klett 2007, S. 86 f.

2. Charakterisiere die genannten Figuren und stelle die Beziehungen zwischen ihnen dar.

3. Erläutere die Motive Kriemhilds und Hagens.

4. Am Ende des Nibelungenliedes sind viele tapfere Ritter gefallen. Stelle dir vor, Kriemhild hat kurz vor ihrem Tod einen Brief an ihre Mutter geschrieben. Darin stellt sie dar, wie es ihr seit ihrem Abschied aus Worms ergangen ist, was an Etzels Hof passierte und sie begründet ihre Rache. Verfasse diesen Brief.

deutsch.kompetent Stundenblätter: Das Nibelungenlied
ISBN: 978-3-12-352602-2

Klassenarbeit/Schulaufgabe (Seite 1/1)

1. Ordne die folgenden Szenenbilder passenden Episoden aus dem Nibelungenlied zu, indem du die jeweilige Handlung kurz zusammenfasst.

Paul Richter als Siegfried.
Verfilmung von Fritz Lang 1924

Quelle: Die Nibelungen: Siegfried, R: Fritz Lang, 1924
© Alamy stock photo (Ronald Grant Archive), Abingdon

___

___

Uwe Beyer als Siegfried.
Verfilmung von Harald Reinl 1967

Quelle: Nibelungen – 1. Teil: Siegfried von Xanten, R: Harald Reinl, BRD 1966
© Picture-Alliance, Frankfurt

___

___

Benno Fürmann als Siegfried.
Verfilmung von Uli Edel 2004

Quelle: Die Nibelungen, R: Uli Edel, 2004 © Tandem Productions / VIP Media Funds / dpa

___

___

2. Eine Filmproduktionsfirma plant eine Serie zum Nibelungenlied. Sie sucht auch einen geeigneten Siegfried.
a) Formuliere das Rollenprofil mit den Anforderungen, die ein Siegfried-Darsteller mitbringen muss.
b) Begründe überzeugend, warum du diese Eigenschaften für wichtig hältst.

3. Verfasse den Text für eine Werbeankündigung, die wenige Wochen vor dem Start der Nibelungenserie veröffentlicht wird. Du kannst den Text für einen Trailer, einen Blog oder eine Zeitungswerbung gestalten.

deutsch.kompetent Stundenblätter:
Das Nibelungenlied
ISBN: 978-3-12-352602-2

Analyse und Interpretation

Das Nibelungenlied (neu erzählt von Franz Fühmann)

Zur Biografie von Franz Fühmann

Franz Fühmann kam am 15. Januar 1922 in Rokytnice im Riesengebirge (Tschechien) zur Welt. 1941 wurde er erst zum Reichsarbeitsdienst, anschließend zur Wehrmacht eingezogen. Die Jahre von 1945 bis 1949 verbrachte er in sowjetischer Kriegsgefangenschaft. Danach ließ sich Fühmann in Berlin nieder und war ab 1958 als freischaffender Schriftsteller tätig, engagierte sich aber auch kulturpolitisch, u.a. im Schriftstellerverband der DDR. Vor allem veröffentlichte er zunächst Lyrik, später auch Kurzgeschichten (z.B. „Das Judenauto", 1961), Drehbücher, Kinderbücher (z.B. „Die Suche nach dem wunderbunten Vögelchen", 1960) und zahlreiche Nacherzählungen bekannter Werke, wie z.B. die „Shakespeare-Märchen", „Reinicke Fuchs" (1964), aber auch die Sagen von Troja oder Prometheus. Sein verbreitetstes Werk ist die Nacherzählung des Nibelungenliedes (1971). Fühmann gehörte 1977 in der DDR zu den Unterzeichnern des Protestbriefes für den ausgebürgerten Liedermacher Wolf Biermann. Er setzte sich u.a. für Menschen mit Behinderung ein und förderte junge Schriftsteller. Am 8. Juli 1984 erlag Franz Fühmann einem Krebsleiden. Vor allem seine Nacherzählungen gehören seit Generationen zum Bestand der Lesebücher und des Literaturunterrichts.

Zum Inhalt des Nibelungenliedes

Das Epos besteht grundlegend aus zwei Geschichten, den sogenannten Sagenkreisen: Im ersten steht die Geschichte Siegfrieds und Kriemhilds im Mittelpunkt, im zweiten der Untergang der Nibelungen/Burgunder infolge von Kriemhilds Rache.

Zunächst wird die Geschichte der beiden Protagonisten entwickelt. Kriemhild wächst am Hofe von Worms zum schönsten Mädchen heran, während in Xanten am Niederrhein (in den Niederlanden) der junge Siegfried seine Heldentaten vollbringt und Ansehen, Ruhm und Ehre erwirbt. In einer durch Hagen von Tronje nur angedeuteten Vorgeschichte und während eines kurzen Besuches im Land der Nibelungen wird deutlich, dass der junge Siegfried, der den Beinamen „Drachentöter" trägt, einen Lindwurm erlegte und in dessen Blut badete, was ihn unverwundbar machte. Dabei fiel ihm ein Lindenblatt zwischen die Schulterblätter, sodass sein unverletzbarer Panzer eine Schwachstelle aufweist, an der der Held verwundbar ist. Als Besitzer des Hortes, eines schier nicht fassbaren Schatzes, ist er ein Nibelunge, durch eine Tarnkappe kann er nicht nur unsichtbar werden, sondern seine ohnehin legendären Kräfte steigern. Um Kriemhild zu heiraten, besiegt er für die Burgunder erst die Sachsen, später führt er unsichtbar die Hand Gunthers, als dieser um die starke Brünhild wirbt. Diese muss er in einem Wettkampf aus Speerwerfen, Steinwerfen und Weitspringen besiegen, was ihm nur durch die Hilfe Siegfrieds gelingt. Dabei gibt sich Siegfried auf Island allerdings als Lehnsmann Gunthers aus. Als Brünhild sich in der Hochzeitsnacht wehrt, die Ehe mit Gunther zu vollziehen, springt in der Folgenacht erneut Siegfried mit der Tarnkappe ein und macht die stolze Königin gefügig. Dabei nimmt er ihren Keuschheitsgürtel und einen Ring an sich.
Nach ihrer eigenen Hochzeit werden Siegfried und Kriemhild, die als beispielhaftes Paar für die wahre Liebe angesehen werden, die Regenten der Niederlande, deren Zentrum Xanten am Niederrhein ist. Jahre später besuchen Siegfried und Kriemhild Worms und dabei kommt es zu einem Streit zwischen den Königinnen, dessen Ursache in den Umständen der Eroberung Brünhilds liegt. Da die Königin von Burgund Siegfried als Lehnsmann ansieht, müsse auch Kriemhild, die sie dafür bemitleidet, unter ihrem Stand verheiratet worden zu sein, hinter ihr zurücktreten und sich unterordnen. Aus gekränktem Stolz offenbart Kriemhild die Täuschung während Brünhilds Hochzeitsnacht, indem sie die entwendeten Gegenstände vorlegt. Als Folge dieser Schmach schwört Brünhild Rache und fordert die Tötung Siegfrieds, wozu Hagen sich bereiterklärt. Siegfried wird während einer eilig angesetzten Jagd an einer Quelle im Vogesenwald von Hagen mit einem Speer getötet, den dieser dank einer kleinen, eigentlich zum Schutz gedachten Markierung Kriemhilds auf Siegfrieds Kleidung dort platzieren kann, wo Siegfried verwundbar ist. Kriemhild kennt die Täter. Sie werden zudem dadurch verraten, dass die Leiche Siegfrieds zu bluten beginnt, als die Mörder an ihr vorüberziehen. Daraufhin schwört Kriemhild Rache.

Sie bleibt in Worms, bezieht einen Witwensitz und lässt sich den Hort ins Haus bringen, mit dem sie Ritter unterstützt und fördert, die ihr eines Tages helfen könnten, ihre Rache umzusetzen. Hagen jedoch verhindert einen weiteren Aufbau dieser Netzwerke, indem er den Hort im Rhein versenkt. Nach Jahren der Trauer wirbt König Etzel aus dem Hunnenland um Kriemhild, die jedoch sein Werben zunächst ablehnt. Als sie aber das Potenzial erkennt, das eine Vermählung mit dem mächtigsten König der Welt für ihre Rachepläne hätte, und Etzels Werber Rüdiger ihr ewige Treue schwört, willigt sie ein, zieht ins Land der Hunnen und wird deren neue Königin. Ihren Racheplan weiterhin verfolgend, lädt sie ihre Familie ein, die trotz zahlreicher Warnungen anreist und letztlich bei den folgenden Kämpfen nahezu vollständig ausgelöscht wird.

Figurenkonstellation

Im Mittelpunkt des ersten Teils stehen Siegfried und Kriemhild. Der Königssohn aus Xanten wird zwar als edelster Ritter beschrieben, sein Auftreten jedoch entspricht nicht immer höfischen Sitten. So tritt er bei seiner Brautwerbung in Worms den Königen gegenüber sehr arrogant und wenig ritterlich entgegen. Wenn er seine Frau nach dem Streit der Königinnen züchtigt, ist dies ebenfalls schwer mit den vorbildlichen Eigenschaften eines Ehrenmannes vereinbar. Vor allem der junge Siegfried ist ein Raufbold, der gar nicht genug Abenteuer erleben kann und furchtlos gegen Drachen, Zwerge und rivalisierende Könige zieht.
Kriemhild verhält sich dagegen fast immer nach den höfischen Sitten. Sie ist neben ihren Brüdern Gunther, Gernot und Giselher nach dem Tod des Vaters als Mitregentin eingesetzt. Selbst im fernen Hunnenland hat man von der Schönheit und Anmut Kriemhilds gehört. Ob sie ihren Mann Siegfried aus Naivität oder Kalkül an dessen Erzfeind Hagen von Tronje verrät, führt noch immer zu Diskussionen unter den Interpreten.
Auslöser für den Mord an Siegfried ist der Streit der Königinnen, in dem deutlich wird, dass die beiden Herrscherinnen über unterschiedliches Wissen verfügen. Da ihr Hagen treu ergeben ist, nimmt er die Kränkung seiner Herrin Brünhild persönlich und schwört Rache. Dabei ist es ihm ein Leichtes, König Gunther geschickt zu manipulieren, der wie ein schwacher Herrscher wirkt. Am Hofe König Etzels (Attila) fühlt sich Kriemhild auch nach Jahren nicht heimisch und sinnt weiterhin auf Vergeltung, darauf, die Burgunder zu vernichten und damit für den Mord an Siegfried zu bestrafen. Das weitere Figurenensemble führt zahlreiche Ritter der beiden Höfe namentlich auf. Der Bischof von Passau und der König von Bayern werden ebenso benannt wie die Sachsenkönige, die Bediensteten anderer Stände erhalten jedoch keine Namen und bleiben anonym.

Sprache und Stil

Wie nahezu alle Texte Fühmanns ist auch die Nacherzählung des Nibelungenliedes in einer recht einfachen Sprache gehalten, die das Verständnis vor allem auch jüngerer Schülerinnen und Schüler ermöglicht. Durchaus dem Original verpflichtet, sind auch in der Prosaübertragung Wortwiederholungen von Satzanfängen oder Redebegleitsätzen zu finden. Jedem der 39 Kapitel ist eine Originalstrophe vorangestellt.

Zeit- und Raumgestaltung

Zeitlich spannt die Handlung einen Bogen von mehr als 40 Jahren. Der Handlungsort des ersten Teils des Nibelungenliedes ist der Hof von Worms, nur für kürzere Episoden ändert sich der Raum und wird in Kampfgebiete in Sachsen, den hohen Norden, ins Land der Nibelungen bzw. für die Brünhild-Episode nach Island verlegt. Im Zentrum steht das Kennenlernen von Siegfried und Kriemhild sowie deren nur etwa zehn Jahre dauernde Ehe, die sie in Xanten verbringen. Während des Wiedersehens in Worms kommt es zum Streit der Königinnen, infolgedessen Siegfried im Vogesenwald getötet wird. Jahre später erreicht Kriemhild die Werbung Etzels, die sie schließlich annimmt. Damit wechselt der zentrale Handlungsort von Worms auf die Burg Etzels, die im Text nicht näher verortet wird. Noch einmal dreizehn Jahre später sieht die Königin ihre Chance auf Rache gekommen und leitet den Untergang der Nibelungen ein. Die Zeitgestaltung enthält in Nebensätzen einige Ungereimtheiten: Etzel habe Hagens Vater zum Ritter geschlagen, während der kleine Hagen am Hof spielte. Volker sei noch ein Baby gewesen, als Siegfried starb. Schauplätze werden sehr präzise benannt, was ein Nachverfolgen der Reisewege ermöglicht.

Themen und Motive

Fühmanns Nibelungenlied ist die Nacherzählung des mittelhochdeutschen Versepos für ein jugendliches Publikum. Zentrale Themen sind Herrschaft und Macht, aber ebenso Liebe, Verrat und Hass sowie gesellschaftliches Miteinander. Treue, Familie und Mythos sind als Motive während des gesamten Romans präsent.

Die für heutige Verhältnisse überholten Vorstellungen von Ehre, Ruhm, Tapferkeit sowie der Geschlechterrollen sollten unbedingt hinterfragt werden, wobei mit Kriemhild und auch Brünhild Frauenfiguren auftreten, die ihr Schicksal selbst in die Hand nehmen und sich nicht vollständig in ihre vorgesehene Rolle fügen.

Modul 1: Zugänge

Intention	Das Modul schafft einen ersten Zugang zur Textgrundlage. Zunächst soll das Interesse der Schülerinnen und Schüler geweckt werden, sich der Thematik zu nähern.
Zeitbedarf	1 Unterrichtsstunde (KV 1.1), 1 Unterrichtsstunde (KV 1.2)
Material	KV 1.1 (obligatorisch), KV 1.2 (fakultativ)
Didaktische Hinweise	Beide Kopiervorlagen sind darauf ausgerichtet, vor der Lektürephase eingesetzt zu werden. KV 1.1 zielt durch die Zusammenstellung von Stichwörtern in der Wortwolke darauf ab, Aufmerksamkeit zu erzeugen. Am Ende der Lektürephase kann darauf Bezug genommen werden, um die Erwartungen abzugleichen. KV 1.2 wählt den Zugang über die erste Strophe im Mittelhochdeutschen, die je nach Interessenslage der Lehrkraft mit einem Exkurs in die mittelhochdeutsche Aussprache verbunden sein kann, die Klassen erfahrungsgemäß begeistert nachsprechen. Um den Verscharakter der Originalvorlage deutlich zu machen, steht am Anfang die Versfassung von Karl Simrock (1827), die einen weiteren Zugang ermöglicht.
Sozialformen	Einzelarbeit/Partnerarbeit/Unterrichtsgespräch
Zielvorstellungen/ Kompetenzbeschreibungen KV 1.1	Die Schülerinnen und Schüler trainieren folgende Kompetenzen. Sie - formulieren Erwartungen an die Lektüre. - diskutieren Gemeinsamkeiten und Unterschiede ihrer Erwartungen.
Durchführung/ Unterrichtsschritte KV 1.1	1. Die Schülerinnen und Schüler verfassen anhand der Schlagworte eine Handlungsskizze für eine fiktive Geschichte, in der alle Stichwörter vorkommen. 2. Nachdem einige Entwürfe in der Klasse präsentiert wurden, tauschen sich die Schülerinnen und Schüler über Gemeinsamkeiten und Unterschiede ihrer Erwartungen aus. Diese Aufgabe kann auch in Partnerarbeit erfolgen. 3. Es wird in einem offenen Unterrichtsgespräch zusammengetragen, was die Klasse möglicherweise bereits über das Nibelungenlied weiß. Diese Aufgabe kann auch in Gruppenarbeit erfolgen.
Zielvorstellungen/ Kompetenzbeschreibungen KV 1.2	Die Schülerinnen und Schüler erwerben folgende Kompetenzen. Sie - übertragen die erste Strophe des Nibelungenliedes aus dem Mittelhochdeutschen ins heutige Deutsch. - lesen die Versübertragung von Karl Simrock aufmerksam unter einem gegebenen Gesichtspunkt, um Vorausdeutungen und Ansätze der Handlung zu erfassen. - recherchieren zu Berufen im Mittelalter. - vergleichen formal die Versfassung von 1827 mit der Übertragung Fühmanns von 1971.
Durchführung/ Unterrichtsschritte KV 1.2	1. Die Schülerinnen und Schüler übertragen die erste Strophe aus dem Mittelhochdeutschen ins Neuhochdeutsche. Diese Aufgabe kann in Partnerarbeit erfolgen. Es empfiehlt sich, die Klasse erst einmal probieren zu lassen, bevor die Lehrkraft eingreift und Hilfestellungen gibt bzw. die Erarbeitung ins Plenum verlegt. 2. In Partnerarbeit lesen die Schülerinnen und Schüler die Strophen und sammeln Informationen zu Figuren, Orten und Inhalten. Dabei entdecken sie, was der Anfang einer Geschichte bereits über die weitere Handlung verraten kann. 3. Die Recherche zu den Figuren kann als Hausaufgabe erfolgen. 4. Die Versübertragung ins Neuhochdeutsche wird formal mit der Nacherzählung verglichen. Es erfolgt eine Sensibilisierung für verschiedene Erzählformen.

Lösungen

Kopiervorlage 1.1 → S. 8

1. Es wird hier kein Wert auf das Einhalten von Standards im Erzählen gelegt, denn die Aufgabe erwartet nur eine Handlungsskizze. Mögliche Lösung:
   Zwei Königinnen, die eine lange Freundschaft verband, gerieten in Streit über einen Helden. Als dieser nach einer Schatzsuche mit viel Gold aus Island zurückkehrte, schwor der Ritter einer der Königinnen die Treue. Aus anfänglicher Eifersucht wurde schließlich Hass. Die unterlegene Königin sann auf Rache. Da sie die Macht über die Drachen am Rhein hatte, wollte sie die Hochzeit ihrer Rivalin und des Helden durch einen Kampf verhindern. Doch Stärke und alles Geld der Welt halfen dem edlen Ritter nicht, denn er fiel einem Verrat zum Opfer. Den feigen Mord hatte ein Zwerg der Königin vorausgesagt, allerdings hatte diese ihm nicht geglaubt.
2. Individuelle Schülerlösungen; bestimmte Muster der Erwartungen werden sich abzeichnen.
3. Individuelle Schülerlösungen; vermutlich sind Siegfried und Kriemhild als Paar sowie Teile der Siegfried-Sage bereits bekannt. Es sollte darauf geachtet werden, dass nicht zu viel verraten wird, wenn einige die gesamte Geschichte bereits kennen.

Kopiervorlage 1.2 → S. 9 f.

1. Mögliche Lösung:
   In alten Geschichten wird uns viel Wunderbares erzählt
   von heldenhaften Taten und großer Leistung.
   Von Freuden, hohen Festen, vom Weinen und Wehklagen,
   vom Kampf kühner Helden sollt ihr viel Wunderbares
   erzählt bekommen.
2. Orte: Land der Burgunder mit Worms am Rhein, Land Etzels;
   Figuren: Kriemhild als Hauptfigur, ihre Brüder Gunther, Gernot und Giselher (Alliteration) und die Eltern Ute und Dankrat (bereits gestorben) sowie Vertrauter Hagen von Tronje als wichtige Handlungsträger, andere Nebenfiguren; Charakterisierung der wichtigen königlichen Geschwister und ihrer Vertrauten durch Attribute;
   Familienbeziehung und Abhängigkeiten;
   Vorwegnahme eines sehr tragischen Schlusses, aufgrund eines Streits zwischen zwei „edlen Frauen"; Lob der höfischen Sitten und der Bedeutung des burgundischen Hofes; Hinweis auf Erzählerfigur („wie ich kundgetan", V. 29)
3. Marschall: höfischer Beamter, Stallmeister;
   Truchsess: Hofverwalter, verantwortlich für die Speisen
   Schenk: Hofverwalter, verantwortlich für Getränke
   Kämmerer: Hofverwalter, verantwortlich für Vorrats- und Schatzkammer
4. vermutlich inhaltliche Deckung, Besonderheiten der Versform gegenüber dem Prosatext und damit einhergehende Umformulierung, die an Beispielen vor allem von der Wirkung her besprochen werden sollten.

Modul 2: Häusliche Lektürephase

Intention	Erfolgt eine selbstständige Lektüre, sollten die Schülerinnen und Schüler die grundlegenden Handlungsschritte der einzelnen Kapitel in einer Übersicht festhalten. Dabei wird bereits eine Zuordnung zu bestimmten Figurenkreisen vorgenommen. Über die Leseeindrücke wird im Plenum reflektiert.
Zeitbedarf	14 Tage (KV 2.1), 1 Unterrichtsstunde (KV 2.2)
Material	KV 2.1 (obligatorisch), KV 2.2 (fakultativ)
Didaktische Hinweise	Wird auf eine häusliche Lektürephase verzichtet, weil die Lehrkraft das gemeinsame sukzessive Lesen im Unterricht favorisiert, kann die Inhaltsübersicht dennoch parallel geführt werden, um zu Stundenbeginn Inhalte zu sichern bzw. zu wiederholen. Um die Spannung zu halten, bietet sich für das Nibelungenlied in der Tat eine gemeinsame Lektüre an. Zur Straffung der Stoffeinheit könnte erst der erste Sagenkreis (bis Seite 88) gelesen und anschließend besprochen werden. Ähnlich wird mit dem zweiten Teil, der vorrangig im Hunnenland spielt, verfahren. Das zweite Arbeitsblatt kann auch in der häuslichen Lektürephase vorbereitet werden. Für die unterrichtliche Arbeit sollten Kärtchen in unterschiedlichen Farben (z. B. farbige Karteikarten) bereitgestellt werden.
Sozialformen	Einzelarbeit/Partnerarbeit/Unterrichtsgespräch
Zielvorstellungen/ Kompetenzbeschreibungen KV 2.1	Die Schülerinnen und Schüler erwerben folgende Kompetenzen. Sie - entwickeln ein umfassendes Textverständnis. - erarbeiten eine Inhaltsübersicht. - ordnen die Kapitel den Handlungsträgern zu.
Durchführung/ Unterrichtsschritte KV 2.1	Die Übersicht wird während der Lektüre selbstständig fortgeführt.
Zielvorstellungen/ Kompetenzbeschreibungen KV 2.2	Die Schülerinnen und Schüler erwerben und verfügen über folgende Kompetenzen. Sie - formulieren ihre Leseeindrücke und begründen diese. - diskutieren über ihre Leseeindrücke und tauschen sich begründet darüber aus.
Durchführung/ Unterrichtsschritte KV 2.2	1. In einer Tabelle sammeln die Schülerinnen und Schüler ihre Leseeindrücke. 2. Im Plenum werden die Ergebnisse vorgestellt und besprochen. 3. Eine ausführlichere Diskussion erfolgt gelenkt auf bestimmte Aspekte der Lektüre, die beliebig geändert, erweitert oder gekürzt werden kann.

Lösungen

Kopiervorlage 2.1 → S. 11

Individuelle Schülerlösungen

Kopiervorlage 2.2 → S. 12

1.–2. Individuelle Schülerlösungen

Modul 3: Überprüfung der Textkenntnis

Intention	Beide Arbeitsblätter dienen der Lesekontrolle.
Zeitbedarf	1 Unterrichtsstunde (KV 3.1), 1 Unterrichtsstunde (KV 3.2)
Material	KV 3.1 (fakultativ), KV 3.2 (fakultativ)
Didaktische Hinweise	Die Arbeitsblätter können als Lernerfolgskontrolle oder auch als Materialien im Unterricht eingesetzt werden. Aufgabe 2 der KV 3.2 steht in Zusammenhang mit Aufgabe 2 von KV 2.2.
Sozialform	Einzelarbeit
Zielvorstellungen/ Kompetenzbeschreibungen KV 3.1	Die Schülerinnen und Schüler erwerben folgende Kompetenzen. Sie – rufen ihre Lektürekenntnisse ab, indem sie ein Kreuzworträtsel lösen.
Durchführung/ Unterrichtsschritte KV 3.1	Die Schülerinnen und Schüler lösen das Kreuzworträtsel.
Zielvorstellungen/ Kompetenzbeschreibungen KV 3.2	Die Schülerinnen und Schüler erwerben folgende Kompetenzen. Sie – rufen ihre Lektürekenntnisse in einem Multiple-Choice-Test ab. – benennen eine Lieblingsfigur und begründen ihre Entscheidung.
Durchführung/ Unterrichtsschritte KV 3.2	1. Die Fragen im Multiple-Choice-Test werden beantwortet. 2. Die Schülerinnen und Schüler reflektieren über ihre Lieblingsfigur. 3. Die Auswertung erfolgt im Plenum.

Lösungen

Kopiervorlage 3.1 → S. 13

[1]D		[2]D					[3]K	R	[4]I	E	M	[5]H	I	L	D
I		R		[6]V					S			E			
E		A		O			[7]S	I	E	G	F	R	I	E	[8]D
N		C		G			I		N			Z			A
[9]S	C	H	N	E	E	W	E	I	S	S					N
T		E		S			G		T		[10]N				K
M		N		E		[11]A	L	B	E	R	I	C	H		R
A		T		N			I		I		E				A
N		O		W			N		N		D				T
N		E		A			D				E			[12]B	
		T		L							R			A	
[13]A	M	E	N	D	E	D	E	R	W	E	L	T		L	
		R									A			M	
								[14]T	A	R	N	H	A	U	T
											D			N	
					[15]V	A	S	A	L	L	E	N		G	

Kopiervorlage 3.2 → S. 14

1. 1B, 2B, 3C, 4C, 5C, 6A, 7B, 8C, 9A, 10B

2. Beispiel, über das diskutiert werden könnte: Meine Lieblingsfigur ist Hagen von Tronje. Er verkörpert das Rittersein wie kaum ein anderer Held. Tapfer, kräftig und seinem Lehnsherrn, König Gunther, bis in den Tod treu ergeben, steht er beispielshaft dafür, wie ein Ritter sein sollte. Jeder König braucht jemanden, der wie seine rechte Hand zu ihm hält und für seine Interessen mutig kämpft, so wie Hagen es gegen Siegfried tut, der Gunthers Frau schlecht behandelt hat und deshalb bestraft werden muss.

Modul 4: Die Figur Siegfried

Intention	In diesem Modul liegt der Schwerpunkt auf der Siegfried-Handlung und auf den Aspekten des Ritterromans, der das Nibelungenlied im ersten Teil auch ist. Die historischen Aspekte zu Rittertugenden, Schwertleite und Rittertum werden abwechslungsreich und an Schreibformen geknüpft erarbeitet. Dabei ist ein fächerverbindendes Arbeiten mit Geschichte immer mitzudenken.
Zeitbedarf	1 Unterrichtsstunde (KV 4.1), 1 Unterrichtsstunde (KV 4.2), 1 Unterrichtsstunde (KV 4.3), 2 Unterrichtsstunden (KV 4.4), 1 Unterrichtsstunde (KV 4.5)
Material	KV 4.1 (obligatorisch), KV 4.2 (obligatorisch), KV 4.3 (obligatorisch), KV 4.4 (fakultativ), KV 4.5 (fakultativ)
Didaktische Hinweise	KV 4.1: Das Thema Traumdeutung erfolgt mit dem Traum Kriemhilds und dem Beispiel der Traumdeutung durch den biblischen Joseph recht niedrigschwellig. Es folgen weitere Träume, die aber in dem Unterrichtsmodell nicht weiter thematisiert werden. KV 4.2: Die angefertigten Steckbriefe können im Klassenzimmer ausgehängt werden. KV 4.3: Vorbereitend zur Unterrichtsstunde kann die Hausaufgabe erteilt werden, sich über die Figur Parzival zu informieren. KV 4.4: Das Arbeitsmaterial bietet sich zur Anwendung des materialgestützten Informierens an. Hat die Klasse keine Erfahrung mit dieser Aufsatzart, müsste eine Einführung vorgeschoben bzw. die Erarbeitung gelenkter erfolgen. Es sollte unbedingt über den mittalterlichen Ehrbegriff in M1 diskutiert werden, damit dieser nicht unkommentiert stehen bleibt. KV 4.5: Das Wiedergeben von Eindrücken/Schildern sollte als Aufsatzart zur Vertiefung des erzählenden Darstellens bekannt sein bzw. wiederholt werden.
Sozialformen	Einzelarbeit/Partnerarbeit/Unterrichtsgespräch
Zielvorstellungen/ Kompetenzbeschreibungen KV 4.1	Die Schülerinnen und Schüler erwerben und verfügen über folgende Kompetenzen. Sie - erfassen den Inhalt einer zentralen Textstelle. - ergänzen ein Schaubild zum Inhalt eines Textauszugs. - setzen sich mit dem Begriff Traumdeutung auseinander.
Durchführung/ Unterrichtsschritte KV 4.1	1. Es erfolgt die gemeinsame Lektüre der Textstelle: S. 6/Z. 29 bis S. 7/Z. 15. 2. Die Schülerinnen und Schüler ergänzen den ersten Teil des Schaubildes. 3. Gemeinsames Lesen und Erschließen des Kastens zu „Traum und Traumdeutung". Weitere Beispiele können genannt werden. 4. Die Schlüsse, die Kriemhild aus der Traumdeutung durch ihre Mutter zieht, werden ausformuliert. 5. Die Vorankündigung des Erzählers wird eingeordnet.
Zielvorstellungen/ Kompetenzbeschreibungen KV 4.2	Die Schülerinnen und Schüler erwerben und verfügen über folgende Kompetenzen. Sie - lesen einen Text unter gegebenen Gesichtspunkten. - erstellen einen Steckbrief zu einer literarischen Figur. - lernen die Siegfried-Sage kennen.
Durchführung/ Unterrichtsschritte KV 4.2	1. Die Schülerinnen und Schüler sammeln Kriterien, nach denen sie einen Steckbrief von Siegfried erstellen. 2. Sie sammeln Informationen über Siegfried durch Auswertung des Textes. 3. Der Steckbrief kann durch ein gezeichnetes Porträt oder ein eingeklebtes Bild ergänzt werden.
Zielvorstellungen/ Kompetenzbeschreibungen KV 4.3	Die Schülerinnen und Schüler erwerben und verfügen über folgende Kompetenzen. Sie - entnehmen einem Auszug aus Auguste Lechners „Parzival" wichtige Informationen. - lernen die mittelalterlichen Rittertugenden kennen. - positionieren sich zur heutigen Bedeutung der Rittertugenden und zu Siegfried als tugendhaftem Ritter.

Durchführung/ Unterrichtsschritte KV 4.3	1. Nach der gemeinsamen Lektüre des Auszugs erfolgt eine Annäherung an den Text durch die ersten beiden Aufgaben. 2. Die Schülerinnen und Schüler formulieren auf der Grundlage des Textes Regeln für ein Leben als Ritter. 3. Die erarbeiteten Regeln werden hinterfragt und bewertet. 4. Die heutige Gültigkeit der mittelalterlichen Rittertugenden wird diskutiert. Dabei sollte auf Begriffe wie „Kardinaltugend" und „Moral" eingegangen werden, die aus dem Religions- und Ethikunterricht bekannt sein müssten. 5. Die Klasse setzt sich kritisch mit Siegfried als tugendhaftem Ritter auseinander.
Zielvorstellungen/ Kompetenzbeschreibungen KV 4.4	Die Schülerinnen und Schüler erwerben und verfügen über folgende Kompetenzen. Sie - werten entsprechend des Auftrags Materialien aus und entscheiden über die Verwendung der gewonnenen Informationen. - schreiben einen materialgestützten informierenden Text (Lexikonartikel). - positionieren sich zum Ehrbegriff des Mittelalters.
Durchführung/ Unterrichtsschritte KV 4.4	1. Nach der Materialauswertung in Einzelarbeit kann bei leistungsschwächeren Klassen eine Teilzielkontrolle erfolgen, um den weiteren Arbeitsprozess abzusichern. 2. Schwerpunkt der Doppelstunde wird das Verfassen und Überarbeiten des Lexikonartikels sein.
Zielvorstellungen/ Kompetenzbeschreibungen KV 4.5	Die Schülerinnen und Schüler erwerben und verfügen über folgende Kompetenzen. Sie - erarbeiten die Bedeutung der Schwertleite für einen Ritter. - schildern in Perspektivwechsel das Fest der Schwertleite.
Durchführung/ Unterrichtsschritte KV 4.5	1. Die Schülerinnen und Schüler lesen den Abschnitt zur Schwertleite Siegfrieds: S. 7/8. 2. In Einzelarbeit wird der Text gelesen und der Begriff der Schwertleite in seiner Bedeutung erarbeitet. 3. Anhand des Kastens zum Schildern löst die Klasse die Schreibaufgabe. Es bietet sich zur gegenseitigen Rückmeldung eine Schreibkonferenz an.

Lösungen

Kopiervorlage 4.1 → S. 15

1./2. Falke = schöner, edler Mann;
zwei Adler = Gegner;
zerfleischen ihn = Tod des Mannes

3. Kriemhild beschließt, dass sie „zeitlebens ohne Liebe bleiben" will. Der Traum wird sich erfüllen.

Kopiervorlage 4.2 → S. 16

1. Merkmale Siegfrieds, u.a.:
Herkunft: Königssohn aus Xanten (Niederland, nicht Niederlande!)
Eltern: Siegmund und Sieglind; berühmt aufgrund seiner Abenteuer; vorbildlicher Ritter; großer Kreis an Freunden und Bewunderern; Mädchen schmachten ihn an, Männer wollen sein wie er; großzügig und stolz

2. Ergänzungen aus der Sage:
- Schmiedelehre bei Regin → schmiedet Balmung
- tötet listig den Drachen Fafnir und dessen Bruder Regin (Selbstschutz), isst sein Herz und trinkt das Blut → Kraft und Einsicht
- nimmt zwei Kisten des Schatzes mit sich

Kopiervorlage 4.3 → S. 17 f.

1. Gurnemanz lacht aufgrund der Naivität von Parzival und darüber, dass der Junge ein Ritter sein will, aber augenscheinlich nicht weiß, was ein Ritter ist.

2. Zum Rittersein gehört mehr als nur eine Rüstung anzulegen.

3. Halte stets das recht Maß.
Greife nie einen Schwächeren an.
Gewähre dem Besiegten Gnade.
Sei nicht geizig und auch nicht verschwenderisch.
Sei freundlich und nicht hochmütig.
Stehe den Unterdrückten und Verfolgten stets bei.
Diene den Frauen, die es wert sind.
Sei nicht neugierig und stelle keine Fragen.

4. Mehrheit der Tugenden gehören zum guten Benehmen auch heute.

5. So, wie Siegfried König Gunther (S. 12) gegenübertritt, hat er nicht alle Rittertugenden verinnerlicht.

Kopiervorlage 4.4 → S. 19 ff.

1. wichtige Aspekte, v. a.:
- M1: mittelalterlicher Begriff des Abenteuers und der Ehre
- M2: Stellung der Ritter in der Ständepyramide
- M3: Schild, Schwert, (Sporen), Rüstung, Pferd
- M4: Rittertugenden
- M5: erste kindliche Unterweisungen durch den Vater, mit 7 Jahren Page auf väterlicher oder fremder Burg als Diener des Burgherrn mit praktischen Aufgaben und höfischen Ritualen, mit ca. 13 Jahren Knappe meist an einem anderen Hof mit Waffenlehre und höfischen Ritualen, Ritterschlag mit ca. 20 Jahren
- M6: Turniere und deren Bedeutung (Arten der Turniere für Artikel nicht wichtig!), Hinweis auf Jagd und Krieg
- M7: Sesshaftwerden und Familiengründung, Funktion des Verwalters
- M8: Struktur eines Lexikonartikels

bekanntes Wissen: Rittertugenden; Beispiele: Siegfried, Hagen, Parzival, Iwein; Mögliche Lösung:
Ritter ist gewissermaßen ein Beruf im Mittelalter, der als Krieger zur Verteidigung beispielsweise einer Frau, seines Herrn, einer Burg und auch eines Reiches antritt und der von der Herkunft her und von der Ausstattung mit charakterlichen, körperlichen und finanziellen Möglichkeiten dafür geeignet ist.

Wie man Ritter wird
Ein angehender Ritter lernt als Knabe aus einer adligen Familie höfische Sitten auf der väterlichen Burg oder als Page auf einer fremden Burg. Mit ca. dreizehn Jahren beginnt für ihn der Dienst als Knappe bei einem Ritter. Dabei lernt er den Umgang mit Waffen, dient seinem Herrn aber auch im Alltag und im Kampf. Er hilft ihm z. B. beim Anlegen der Rüstung, versorgt die Pferde, verantwortet den Transport. Wenn er etwa 20 Jahre alt ist, wird er selbst während der sogenannten „Schwertleite" feierlich zum Ritter geschlagen.

Worauf es beim Ritter ankommt
Zur Ausrüstung eines Ritters gehört die Rüstung, die mindestens aus einem Brustpanzer und einem Helm besteht. Er sitzt auf einem Pferd, das meist geschmückt ist, wenn er in den Kampf zieht oder bei Hofe erscheint. Jeder Ritter trägt Waffen bei sich: Das Schwert befindet sich an einer Halterung am Gürtel, mitunter sind die Stiefel mit Sporen ausgestattet. Die meisten Ritter tragen das Wappen ihrer Familie auf dem Schild, das sie auch im Kampf schützen kann.
Ritter kann man nur dann werden, wenn man über die Rittertugenden verfügt: Ehre, Freundlichkeit, Güte, Großzügigkeit, Tapferkeit, Mäßigung, Treue und Anstand. Gerade darin zeigt sich das idealisierte Bild des Ritters.

Was ein Ritter so macht
Ritter sind als Krieger im Einsatz und verteidigen diejenigen, die unverschuldet in Not geraten sind oder auch ihre Herren bzw. ihr und deren Hab und Gut. In Friedenszeiten nehmen sie an Turnieren teil, um sich im Schaukampf zu beweisen und dabei Ehre und Anerkennung zu erringen. Nach der Hochzeit bezieht ein Ritter seine eigene Burg oder zumindest ein Gehöft. Er wird Verwalter und Lehnsherr. Außerdem ist er als Erzieher für angehende Ritter tätig. Wenn sein Fürst ihn ruft, zieht er mit diesem oder für diesen in den Kampf.

Beispiele in der Literatur: Siegfried im „Nibelungenlied", Iwein und Erec als Vertreter der Tafelrunde des legendären König Artus haben jeweils eigene Romane. „Parzival" von Wolfram von Eschenbach markiert als Gralsritter einen Erlösertypus eines christlich orientierten Rittertums.

2. Ehre und Ruhm haben eine Bedeutungserweiterung erfahren und können vom heutigen Standpunkt mit dem mittelalterlichen Begriff nicht mehr gleichgesetzt werden. Der Hirte vertritt eine recht moderne Auffassung, indem er mit Iweins Definition nichts anfangen kann und eine eher bodenständige Position dagegenhält.

Kopiervorlage 4.5 → S. 22 f.

1. Die Schwertleite ist das feierliche Ritual, bei dem der junge Ritter das Schwert erhält.

2.–3. Inhaltliche Aspekte des literarischen Textes:
- neue Kleidung (Maßanfertigung), Pferde und Waffen (Z. 2/6 f.)
- Vorabend: Messe in der Kirche, Knappen weiß angekleidet
- Möglichkeit, in Mönchsorden einzutreten (Johanniter, Templer, Z. 15)
- „Ernsthaftigkeit und Festlichkeit der Stunde" (Z. 17)
- schneller Blick auf die angereisten Verwandten und Freunde (vgl. Z. 18)
- Gebet, um Segen zu erbitten für Schwert und Karriere, aber auch zur Selbstbefragung (Z. 21 f.)
- Einschlafen während des Gebets in Kirche (Z. 24)
- Kampfbahn und Turnierplatz festlich vorbereitet für Fest am kommenden Tag (Z. 29 f.)
- Feier dauert mehrere Tage und Menschen werden auf Burg versorgt (Z. 35)
- Gottesdienst mit Segnung des Schwerts und anschließendem Ritterschlag (Z. 41 f.)
- Sporen anlegen (goldene für Adel) (Z. 60 f.)

Mögliche Lösung:
Das Ausmessen und Anprobieren der neuen Gewänder haben unendlich viel Zeit in Anspruch genommen. Viel lieber will ich reiten, mit der Lanze und dem Schwert üben, als auf einem Hocker zu stehen und Hosen, Umhang und Hemd abstecken lassen. Der Stoff der neuen Kleider wirkt sehr edel, wenn ich ihn berühre. Er liegt kühl und eng auf der Haut. Sicher haben sich meine Eltern das Festgewand einiges kosten lassen, immerhin wird ihr einziger Sohn nur einmal zum Ritter geschlagen. Auch ihre eigenen Gewänder sind sicher völlig neu geschneidert worden, um dem Anlass zu entsprechen. Schließlich machen nicht nur Leute Kleider, sondern auch Kleider Leute.
Meine Eltern und meine kleine Schwester habe ich nun schon seit mehr als vier Jahren nicht gesehen, als ich das letzte Mal für wenige Tage auf der heimatlichen Burg verweilen durfte. Ob sie mich noch erkennen?

Ob ich sie noch erkenne? Vor allem wird sich Agathe verändert haben. Sie ist inzwischen bestimmt schon eine junge Dame – und wird doch immer meine kleine Schwester bleiben. All das geht mir durch den Kopf, während wir am Abend die Kirche betreten. In den weißen Gewändern in das große, graue Gotteshaus einzuziehen, ist ein erhabenes Gefühl. Das Weiß als Farbe der Reinheit erstrahlt in dem dunklen Gemäuer. Nur einige letzte Sonnenstrahlen erreichen von der linken Fensterseite aus den Altar. Ich bin so aufgeregt! Glücklicherweise funktioniert in so einem Moment der Körper fast von allein. Und wir Knappen haben den Weg oft genug geübt, damit bei den beiden Einzügen für die Gottesdienste nichts schiefgeht. Mit einem schnellen Blick nach rechts und links erspähe ich meine Familie, was meine Nervosität allerdings noch steigert, als ich meine Mutter mit Tränen in den Augen und einem Taschentuch vor dem Mund gleich am Mittelgang entdecke. Neben ihr wirkt mein Vater wie immer recht unterkühlt und zeigt wenig Regung. Doch das freudige Strahlen voll Stolz und Begeisterung im Gesicht meiner kleinen Schwester lässt mein Herz hüpfen und auch ein Lächeln über meine Lippen huschen. Während des Gottesdienstes kann ich gar nicht richtig zuhören, rutsche wie die anderen Knappen auch hin und her, ganz so, als hätte ich Hummeln im Hintern.

Trotzdem bin ich heute so unendlich müde. Es ist ja Tradition, nach dem Gottesdienst am Vorabend den Segen für das Schwert und das eigene Handeln zu erbitten sowie sich selbst noch einmal aufs Genaueste zu prüfen, ob es wirklich das Richtige ist, was man tut und tun will. Die ganze Nacht über haben wir im Gebet verbracht. Nicht jeder kann ein Ritter sein. Dazu ziehen wir heute erneut in die Kirche ein, dieses Mal aber jeder in den feierlichen Gewändern der Familie, bestickt mit den Wappen der Ahnen. Meine Hose ist schwarz, ebenso meine Stiefel, ganz neues Leder, sie drücken an allen Ecken und Enden. Warum nur konnte ich nicht die gut eingetragenen nehmen? Über dem blütenweißen Hemd trage ich einen samtblauen Umhang, der an den Nähten und Rändern mit Silber bestickt ist. Meine Mütze leuchtet in gleicher Farbe. Auf der linken Schulter hält nur eine Kordel den Umhang, das macht fast einen verwegenen Eindruck. Als ich vorn in der ersten Reihe neben meinem Herrn Platz nehme, bekomme ich wieder wenig von der Rede des Pfarrers mit und von der Segnung des Schwertes. Mein Sitznachbar stößt mich an, als ich aufgerufen werde. Dann kniee ich vor meinem bisherigen Herrn und er schlägt mir mit dem Schwert einmal auf die linke Schulter, dann auf die rechte. Ich könnte vor Stolz platzen, so unendlich glücklich bin ich darüber, endlich selbst ein Ritter zu sein. Mit dem Pfarrer gemeinsam gurtet er mir das Schwert um. Als er mir die Sporen anlegt, kann ich es kaum mehr aushalten, ich möchte trotz meiner Müdigkeit aufs Pferd und kämpfen. Jeder soll sehen, dass ich nun endlich ein Ritter bin!

Modul 5: Die Figuren Siegfried, Kriemhild und Brünhild

Intention	Das Modul widmet sich der zweiten Hälfte des ersten Sagenkreises: der sehr engen Beziehung zwischen Siegfried und Kriemhild, die als eines der berühmtesten Paare der Literaturgeschichte gelten. Noch vor der Hochzeit wird diese Thematik durch die Brünhild-Episode gestört, die eine folgenschwere Kette von Ereignissen auslöst.
Zeitbedarf	1 Unterrichtsstunde (KV 5.1), 1 Unterrichtsstunde (KV 5.2), 1 Unterrichtsstunde (KV 5.3)
Material	KV 5.1 (obligatorisch), KV 5.2 (obligatorisch), KV 5.3 (obligatorisch)
Sozialformen	Einzelarbeit/Partnerarbeit
Zielvorstellungen/ Kompetenzbeschreibungen KV 5.1	Die Schülerinnen und Schüler erwerben und verfügen über folgende Kompetenzen. Sie - beschreiben und beurteilen das Verhalten von Figuren. - wechseln die Erzählperspektive und verfassen einen Tagebucheintrag.
Durchführung/ Unterrichtsschritte KV 5.1	1. Nach gemeinsamem Lesen der Textstelle (S. 23–27) fassen die Schülerinnen und Schüler diese mit eigenen Worten zusammen. 2. Das Verhalten der beiden Protagonisten wird verglichen. 3. Die Klasse beschreibt anhand ausgewählter Textstellen, wie die Beobachter auf die erste Begegnung des Paares reagieren. 4. Entweder aus der Sicht von Siegfried oder von Kriemhild beschreiben die Schülerinnen und Schüler die Begegnung in einem persönlichen Tagebucheintrag.
Zielvorstellungen/ Kompetenzbeschreibungen KV 5.2	Die Schülerinnen und Schüler erwerben und verfügen über folgende Kompetenzen. Sie - erkennen Handlungsmotive einer Figur. - beschreiben Veränderungen einer Figur. - verfassen einen Zeitungsartikel.
Durchführung/ Unterrichtsschritte KV 5.2	1. Die Schülerinnen und Schüler lesen die Brünhild-Episode: S. 27–31. 2. Sie arbeiten die Motive der handelnden Figuren heraus. 3. Es werden Artikel für eine Tageszeitung in Partnerarbeit verfasst, wobei es Unterschiede geben wird in der Darstellung der Zeitung für Worms bzw. für Island. 4. Diese Unterschiede werden anschließend diskutiert. 5. Zum Verständnis der weiteren Handlung und der Beweggründe Brünhilds ist es notwendig, die Königin vor und nach dem Wettbewerb genauer zu betrachten sowie ihr Auftreten und ihr Selbstverständnis zu begründen.
Zielvorstellungen/ Kompetenzbeschreibungen KV 5.3	Die Schülerinnen und Schüler erwerben und verfügen über folgende Kompetenzen. Sie - charakterisieren eine literarische Figur. - schreiben eine Rollenbiografie.
Durchführung/ Unterrichtsschritte KV 5.3	1. Die Schülerinnen und Schüler sammeln Informationen über Brünhild. Die Aufgabe kann in Partnerarbeit oder in Kleingruppen erfolgen. 2. In Einzelarbeit verfassen die Schülerinnen und Schüler eine Rollenbiografie Brünhilds.

Lösungen

Kopiervorlage 5.1 → S. 24

1. Vorbereitungen für das Siegesfest Gunthers nach dessen Rückkehr aus Island im ganzen Reich, Siegfrieds auffällige Schwärmerei für Kriemhild, beeindruckender und stolzer Auftritt Kriemhilds, Siegfrieds Zweifel und Scheu vor Kriemhild, Bewunderung durch Gäste, Kriemhilds Initiative, Siegeskuss auf Wangen und Augen, Siegfried als Kriemhilds Tischherr, Amnestie für Gefangene und Geschenke für Gäste

2. Siegfried: zweifelt an sich; Zurückhaltung, wagt nicht, sie anzusprechen;
Kriemhild: immer „wie es der Brauch will", scheint sehr glücklich zu sein

3. Staunen; Neid, Eifersucht; Bewunderung

4. Mögliche Lösung für Siegfried:
Heute war es nun endlich soweit und die schöne Kriemhild stand vor mir. Doch leider war sie mir wenig zugewandt, sehr zurückhaltend, fast abweisend. Und dabei hätte ich mir doch gewünscht, dass sie mich anspricht. Sie ist die Schwester der hiesigen Könige und daher habe ich es nicht gewagt, sie anzusprechen. Ich bin doch sonst nicht so schüchtern!

Kopiervorlage 5.2 → S. 25

1. Brünhild: will Königin Islands und stärkste, unbesiegte Frau der Welt bleiben;
Hagen: will Gunther dienen; List: Siegfrieds Hilfe mit Kriemhild als Belohnung
Gunther: will die Königin besiegen und als seine Frau nach Hause führen;
Siegfried: gibt sich als Gunthers Lehnsmann (= Untergebener) aus; hilft ihm, um Kriemhild zu bekommen

2. Individuelle Schülerlösungen; Darstellung der Wettkämpfe im Steinwerfen, Springen, Speerwerfen; Beobachtung der Gäste und der Königin; Ergebnis des Wettstreits

3. Brünhild als starke, stolze und eingebildete, jungfräuliche Königin Islands vor dem Wettkampf; nicht mehr stark, gekränkt, geschwächte Frau an Gunthers Seite nach dem Wettkampf, bald auch nicht mehr jungfräulich

Kopiervorlage 5.3 → S. 26

1.

2. Individuelle Schülerlösungen; die Leitfragen aus dem Kasten sollten beantwortet werden.

Modul 6: Siegfrieds Tod

Intention	Der dritte Abschnitt der Geschichte von Siegfried ist dessen Tod, der sich aus einer Verkettung unglücklicher Umstände und Verhaltensweisen ergibt und bereits im ersten Kapitel vorausgesagt wurde. Es ist der Höhepunkt des ersten Teils des Nibelungenlieds und gleichzeitig das erregende Moment für den zweiten Teil des Sagenkreises.
Zeitbedarf	1 Unterrichtsstunde (KV 6.1), 1 Unterrichtsstunde (KV 6.2), 1 Unterrichtsstunde (KV 6.3), 2 Unterrichtsstunden (KV 6.4)
Material	KV 6.1 (obligatorisch), KV 6.2 (fakultativ), KV 6.3 (obligatorisch), KV 6.4 (fakultativ)
Didaktische Hinweise	Das szenische Spiel sollte den Schülerinnen und Schülern durch kleine Sequenzen aus dem bisherigen Unterricht bekannt sein, sonst benötigt die Lehrkraft entsprechend mehr Unterrichtszeit dazu, die Klasse für diese Art des offenen Unterrichts zu sensibilisieren. Es gäbe auch die Möglichkeit, dass die Schülerinnen und Schüler am Ende der textimmanenten Arbeit eine Szene selbst aussuchen und diese umsetzen, was zu einer größeren Motivation und Abwechslung führt, allerdings die Vergleichbarkeit erschwert. Die Berichterstattung zu Siegfrieds Tod bereitet erfahrungsgemäß den Klassen viel Vergnügen und führt nach Festlegung transparenter Bewertungskriterien meist auch zu guten Noten. Wichtig für die inhaltliche Umsetzung: Stimmen die Fakten? Sind diese vollständig? Ergibt das Gespielte einen Sinn? Wichtig für die spielerische Umsetzung: Passt die Umsetzungsidee? War die nötige Ernsthaftigkeit erkennbar? Welche Kostüme/Requisiten wurden eingesetzt? Füllten alle ihre Rolle aus?
Sozialformen	Einzelarbeit/Partnerarbeit/Gruppenarbeit
Zielvorstellungen/ Kompetenzbeschreibungen KV 6.1	Die Schülerinnen und Schüler erwerben und verfügen über folgende Kompetenzen. Sie - vergleichen zwei literarische Figuren miteinander. - erläutern die Motive des Handelns der beiden Königinnen.
Durchführung/ Unterrichtsschritte KV 6.1	1. Es erfolgt die gemeinsame Lektüre des Kapitels „Wie die Königinnen einander beschimpften" (S. 61–65). 2. Die Schülerinnen und Schüler vergleichen die beiden Königinnen Kriemhild und Brünhild miteinander.
Zielvorstellungen/ Kompetenzbeschreibungen KV 6.2	Die Schülerinnen und Schüler erwerben und verfügen über folgende Kompetenzen. Sie - führen ein Stegreifspiel auf. - üben das szenische Interpretieren. - geben nach selbst entwickelten Kriterien ein qualifiziertes und differenziertes Feedback.
Durchführung/ Unterrichtsschritte KV 6.2	1. Die Schülerinnen und Schüler erarbeiten in Kleingruppen den Streit der Königinnen. 2. Die Gruppen spielen ihre Szenen im Stegreif der Klasse vor. 3. Die Klasse erarbeitet Feedbackkriterien und wendet diese an.
Zielvorstellungen/ Kompetenzbeschreibungen KV 6.3	Die Schülerinnen und Schüler erwerben und verfügen über folgende Kompetenzen. Sie - erstellen Schaubilder zur Figurenkonstellation.
Durchführung/ Unterrichtsschritte KV 6.3	1. Die Klasse diskutiert über Hagens Ratschlag, der als Zitat der Aufgabe vorangestellt ist. 2. Zunächst wird die Darstellung der Ausgangssituation gesichert, indem eine erste Figurenkonstellation zu ergänzen ist. 3. Die Schülerinnen und Schüler lesen das Kapitel „Wie Siegfried verraten wurde" (S. 67–71) und erstellen ausgehend von einem weiteren Zitat in Einzelarbeit eine zweite Figurenkonstellation.
Zielvorstellungen/ Kompetenzbeschreibungen KV 6.4	Die Schülerinnen und Schüler erwerben und verfügen über folgende Kompetenzen. Sie - reflektieren den Umgang mit Medien. - üben das szenische Interpretieren. - berichten über Siegfrieds Tod nach den Regeln eines bestimmten, zuvor ausgewählten Mediums.

Durchführung/ Unterrichtsschritte KV 6.4	1. Die Schülerinnen und Schüler reflektieren die Vor- und Nachteile der von ihnen genutzten Medien. 2. Sie gestalten in Kleingruppen die Berichterstattung über Siegfrieds Tod für ein selbstgewähltes Medium (Zeitungsartikel, Videoblog, Blogeintrag, Nachrichtensendung).

Lösungen

Kopiervorlage 6.1 → S. 27

	Kriemhild	**Brünhild**
Herkunft	adlig	adlig
Eltern	Ute und Dankwart	nicht bekannt
Ehegatte	Siegfried	Gunther
Königin	von den Niederlanden (Xanten)	von Burgund (Worms)
Aussehen	schöne Frau, edel, zart	schöne Frau, edel, einst sehr starke Frau
Charaktereigenschaften	Beide halten sich i.d.R. an die vorgeschriebenen Regeln, sind sehr selbstbewusst, durchaus ihrer Position entsprechend egoistisch und herrisch, streben nach Ansehen und Macht.	
Meinung von der anderen Königin und deren Hof	„Ich habe einen Mann, der verdiente es wohl, Herr über all diese Länder zu sein." (S. 61/Z. 18 f.) „Mein Mann ist von edlerem Geschlecht als mein Bruder." (S. 62/Z. 22 f.)	„mit deinem Bruder Gunther kann er sich nicht messen" (S. 61/Z. 27), Kriemhild sei Frau eines Dienstmannes
Darstellung des Kampfes um Brünhild	Siegfried hat Brünhild besiegt, dafür legt Kriemhild Ring und Gürtel als Beweis vor	Siegfried ist Gunthers Lehnsmann, Gunther hat Brünhild besiegt
Schlussfolgerung	scheinbarer Triumph über Brünhild, da sie alles weiß und belegen kann	wurde getäuscht → tiefste Kränkung durch falsches Spiel und umfassende Kenntnis ihrer Rivalin darüber → will Rache

Kopiervorlage 6.2 → S. 28 f.

Individuelle Schülerlösungen

Kopiervorlage 6.3 → S. 30

1.

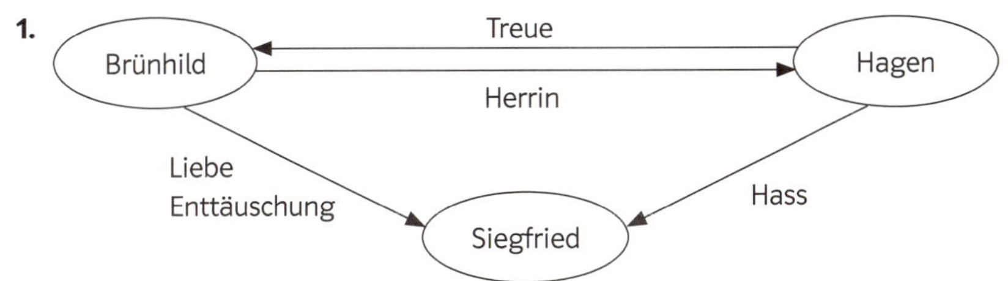

2.

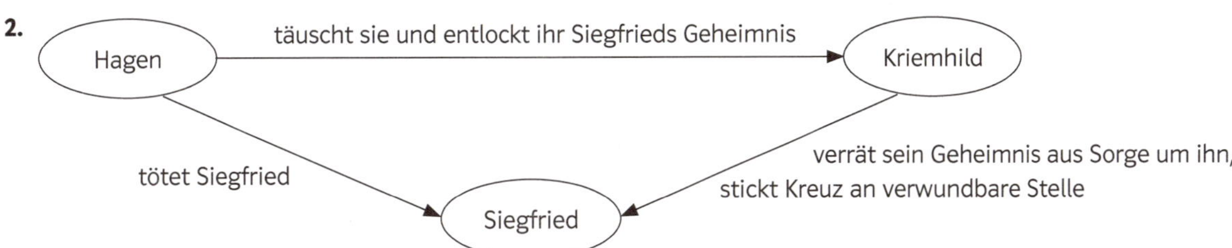

Kopiervorlage 6.4 → S. 31

Individuelle Schülerlösungen

Modul 7: Kriemhilds Rache

Intention	Der zweite Sagenkreis des Nibelungenliedes führt an der Seite von Kriemhild in das Land des Hunnenkönigs Etzel. Dort sinnt die Königin darauf, Siegfrieds Tod zu rächen, was zum Untergang der Nibelungen führen wird. Auch die Gewaltdarstellung im Text soll reflektiert werden.
Zeitbedarf	2 Unterrichtsstunden (KV 7.1), 1 Unterrichtsstunde (KV 7.2), 1 Unterrichtsstunde (KV 7.3)
Material	KV 7.1 (obligatorisch), KV 7.2 (fakultativ); KV 7.3 (obligatorisch)
Didaktische Hinweise	Bei der Erarbeitung in diesem Modul stehen die Fortführung der Siegfried- und Kriemhild-Handlung sowie der Untergang der Burgunder/Nibelungen im Vordergrund. Auf eine Untersuchung der Etzel-Figur wurde bewusst verzichtet. Diese könnte eine Möglichkeit zur Weiterarbeit sein wie ebenso die der hochkomplexen Figur Dietrichs von Bern, der immer wieder in der europäischen Literaturgeschichte auftaucht. Literaturhinweis zu Dietrich von Bern: Der Deutschunterricht 1/2018, S. 83–88.
Sozialformen	Einzelarbeit/Partnerarbeit/Gruppenarbeit
Zielvorstellungen/ Kompetenzbeschreibungen KV 7.1	Die Schülerinnen und Schüler erwerben und verfügen über folgende Kompetenzen. Sie - fassen wesentliche Handlungsschritte zusammen. - erstellen eine Übersicht. - schreiben einen inneren Monolog.
Durchführung/ Unterrichtsschritte KV 7.1	1. Nach gemeinsamer Lektüre (S. 88–96) tragen die Schülerinnen und Schüler Informationen zur Brautwerbung durch Etzel sowie die Reaktion von Kriemhild, ihren Brüdern und Hagen zusammen und erstellen eine Übersicht zu den wesentlichen Inhalten. 2. In einem inneren Monolog begründen sie aus Sicht Kriemhilds deren Entscheidung, trotz der überwältigenden Trauer um Siegfried ein zweites Mal zu heiraten. 3. Die Klasse erläutert die Gründe für Kriemhilds Einladung zur Sonnenwendfeier sowie die Reaktion in Worms und stellt die Etappen der Reise an den Hof Etzels dar. 4. Es werden im Plenum Unterschiede zwischen dem ersten und dem zweiten Sagenkreis des Nibelungenliedes erarbeitet.
Zielvorstellungen/ Kompetenzbeschreibungen KV 7.2	Die Schülerinnen und Schüler erwerben und verfügen über folgende Kompetenzen. Sie - entwickeln Verständnis für eine historische Situation. - schreiben einen Brief aus einer bestimmten Perspektive.
Durchführung/ Unterrichtsschritte KV 7.2	1. Die Schülerinnen und Schüler beschreiben Kriemhilds Situation in ihrer neuen Heimat. 2. Sie setzen sich mit der Stellung der Frau im Mittelalter auseinander, indem sie zwei Sachtexte auswerten. 3. Durch Perspektivwechsel und das Verfassen eines Briefes entwickeln sie Verständnis für die historische Situation. 4. Sie positionieren sich zu einer sehr einseitigen Feststellung Kriemhilds.
Zielvorstellungen/ Kompetenzbeschreibungen KV 7.3	Die Schülerinnen und Schüler erwerben und verfügen über folgende Kompetenzen. Sie - bauen ein Standbild. - reflektieren die Gewaltdarstellung in Medien. - verfassen und halten eine Grabrede.
Durchführung/ Unterrichtsschritte KV 7.3	1. Die Schülerinnen und Schüler wählen selbst eine Kampfszene aus dem letzten Teil des Nibelungenliedes aus und stellen diese als Standbild dar. 2. Sie tragen zusammen, wer durch wen und auf welche Weise stirbt, um gewissermaßen eine Statistik zur Gewalt im Nibelungenlied zu erstellen. 3. Es erfolgt eine Diskussion in der Klasse zur Gewaltdarstellung im Text und allgemein in Medien. 4. Als Abrundung für die textimmanente Arbeit verfassen die Schülerinnen und Schüler eine Grabrede für Kriemhild und Ortlieb, die entweder von Etzel, Ute oder einem neutralen Trauerredner gehalten werden soll.

Lösungen

Kopiervorlage 7.1 → S. 32 f.

1./3. Ausgangssituation Kriemhilds:
Witwe eines einst mächtigen Königs, sinnt noch immer auf Rache

Etzels Werben:
- König der Hunnen, dessen Frau Helche gestorben ist
- sein Ziel: Heirat mit Kriemhild („edelste aller Königinnen", S. 88/Z. 17 f.)
- sein Bote: Rüdiger von Pöchlarn

Reaktion der Brüder: „[e]s geht um ihr Glück! Ich bin es leid, sie täglich in Trauer zu sehen und von der Früh bis zur Nacht ihr Klagen zu hören! Wir sollten sie bewegen, zu Etzel zu ziehn!" (S. 91/Z. 8 ff.)

Reaktion Hagens:
„Das darf nimmer geschehen" (S. 91/Z. 5) → Angst vor Übermacht Kriemhilds

Kriemhilds Überlegungen:
Wer geliebt hat, könne nicht wieder glücklich werden; Bedenken, weil Etzel ein Heide ist und sie eine Christin; Unterstützung der Werbung durch Giselher und Ute; unbeschreibliche Macht Etzels; Rüdiger bietet ihr Treue, Schutz und Vergeltung an → Zusage

13 Jahre später

Auslöser für Kriemhilds Einladung: Unzufriedenheit mit ihrem Leben am Hofe Etzels, bleibt die „Fremde", Träume vom Leben mit Siegfried, ewiger Rachewunsch

Reaktionen in Worms: Zustimmung der Brüder; Hagens Bedenken; Utes Traum vom Untergang der Burgunder

Etappen der Reise:
- Ostfranken/Main
- Schwaben
- Donau: Prophezeiung der Wasserfrauen → Mord am Fährmann und Mordversuch am Kaplan jeweils durch Hagen
- Passau → Erscheinung des alten Ritters als Warnung
- Pöchlarn → Warnung durch Dietrich von Bern

Ankunft und Empfang auf der Burg Etzels: Kriemhild empfängt herzlich ihre Brüder, ignoriert andere Ritter; sofort Streit mit Hagen wegen des Horts; Brauch: Ablegen der Waffen; herzliche Begrüßung durch Etzel, der einst Hagens Vater zum Ritter machte und bei dem Hagen Knappe war

2. Individuelle Schülerlösungen; wichtig sind vor allem Überlegungen entsprechend Aufgabe 1, aber letztlich Entschluss zur Annahme der Werbung wegen:
- Macht Etzels als mächtigster König,
- Schwur Rüdigers, sie zu rächen, wenn ihr jemand Böses täte (vgl. S. 94/Z. 27–33) → Chance für Rache wegen Siegfrieds Tod

4. Nibelungen: Besitzer des Nibelungenhortes, nun die Burgunder;
Burgunder: durch Mord an Siegfried nicht mehr positiv konnotiert;
Kriemhild: einst frohe junge Frau, nun verbitterte Witwe, die König Etzel geheiratet hat, um Rache zu nehmen;
Brünhild: verblasst, tritt nicht mehr auf, findet keine Erwähnung mehr;
Niederlande: nach Siegfrieds Tod wieder durch seinen Vater regiert, keine Erwähnung mehr;
Worms: zentraler Schauplatz im ersten Teil, nun kurzer Nebenschauplatz bei Erhalt der Einladung

Kopiervorlage 7.2 → S. 34

1. Kriemhild wird als Königin von ihrem Mann, König Etzel, und seinen Vasallen verehrt, fühlt sich aber weiterhin als „Fremde". Sie bekommt ein Kind, doch auch Sohn Ortlieb, den sie tauft und im christlichen Glauben erzieht, kann ihr die Lebensfreude nicht wiedergeben. Oft steht sie traurig am Fenster und denkt an Siegfried und ihre Familie. Ihr wurden alle Wünsche erfüllt, jeder hörte auf sie. Allerdings ist Kriemhild weiterhin unglücklich aufgrund der Trauer um Siegfried. Im Tagwerk sieht sie allem Anschein nach keine Ablenkung.

2. Aufgaben der Burgherrin: Führung und Verwaltung des Haushalts, Handarbeiten, Nähen der Kleidung, Unterhaltung;
Funktion als Mutter: Erzieherin der Kinder, Ausbildung der Mädchen;
ohne wirkliche Rechte, immer ein Mann als Vormund; allerdings Herrscherfunktion in Abwesenheit des Burgherrn/Königs

3. Individuelle Schülerlösungen

4. Kriemhilds Sicht ist sehr einseitig und zeigt, wie sehr sie noch immer in ihrer Trauer um Siegfried verharrt, obwohl sie von Etzel verehrt wird und mit ihm einen Sohn hat. Leider wird sie im Land der Hunnen noch immer als „Fremde" angesehen.

Kopiervorlage 7.3 → S. 35

1. Individuelle Schülerlösungen

2.

Name	getötet/gefangen genommen durch ...	Art und Weise
hunnischer Junker	Volker	im Turnierkampf (Unfall)
burgundische Knechte	Hunnen	erschlagen
Bloedel (Etzels Bruder)	Dankwart	erschlagen
Ortlieb	Hagen	geköpft
vier Ritter	Iring von Lothringen	getötet, Hagen verletzte
Iring	Hagen	von Speer durchbohrt
Thüringer/Dänen	Burgunder	im Kampf
1200 Hunnen	Burgunder	im Kampf
Gernot	Rüdiger	erschlagen
Rüdiger	Gernot	erschlagen
Sigestab	Volker	erschlagen
Volker	Hildebrand	erschlagen
Dankwart	Helfrich	erschlagen
Ritschart, Helmnot, Wichart, Gerbart, Wolfmin	Hagen	erschlagen
Giselher	Wolfhart	erschlagen
Wolfhart	Giselher	erschlagen
Hagen	Dietrich	im Kampf gefangen, Dietrich erfleht Schonung von Kriemhild
Gunther	Dietrich	nach dreitägigem Kampf gefangen, Dietrich erfleht Schonung von Kriemhild
Gunther	Auftrag Kriemhilds	geköpft
Hagen	Kriemhild	geköpft mit Balmung
Kriemhild	Hildebrand	zerstückelt

3./4. Individuelle Schülerlösungen

Modul 8: Hintergründe und Rezeption

Intention	Die Hintergründe und die Rezeption des Nibelungenliedes sind sehr weitreichend und sollen an einigen wenigen ausgesuchten Beispielen thematisiert werden, die für die Altersklasse als angemessen betrachtet wird.
Zeitbedarf	1 Unterrichtsstunde (KV 8.1), 1 Unterrichtsstunde (KV 8.2), 1 Unterrichtsstunde (KV 8.3), 1 Unterrichtsstunde (KV 8.4)
Material	KV 8.1 (obligatorisch), KV 8.2 (fakultativ), KV 8.3 (fakultativ), KV 8.4 (fakultativ)
Didaktische Hinweise	KV 8.1: Die zu klärenden Wörter können den Schülerinnen und Schülern auch als Liste an der Tafel, über Beamer oder als Kopie zur Verfügung gestellt werden. Entscheidet sich die Lehrkraft dafür, dass die Klasse die Wörter selbstständig klären soll, sollten Wörterbücher (z. B. Pons oder Duden) bereitliegen. KV 8.4: Kann als Projektarbeit mit den Fächern Geschichte und Geografie ausweitet werden. Eine Untersuchung der Vereinnahmung der Nibelungen durch die Nationalsozialisten erscheint für die Jahrgangsstufen 6–8 zu früh, denn dazu fehlt den Schülerinnen und Schülern in der Regel die notwendige historische Kenntnis. Diese zu liefern, kann der Deutschunterricht nicht leisten. Dennoch ließe sich das Modul im Rahmen einer fächerverbindenden Projektarbeit selbstverständlich erweitern. Insgesamt gibt es drei Verfilmungen, die den Nibelungenmythos darstellen und die alle „Die Nibelungen" heißen: Fritz Lang 1924 (Stummfilm), Harald Reinl (Zweiteiler 1966/67) und Uli Edel (2004). Sie sind alle drei auf DVD erhältlich. Auch Richard Wagners „Ring des Nibelungen" ließe sich fächerverbindend mit Musik thematisieren, ebenso mit Kunst die Zeichnungen im Schloss Neuschwanstein, die König Ludwig II. von Bayern anbringen ließ. Aus jüngerer Zeit ließe sich auch der Einfluss des Nibelungenliedes auf John R.R. Tolkiens „Herr der Ringe" und George R.R. Martins „Das Lied von Eis und Feuer" diskutieren.
Sozialformen	Einzelarbeit/Partnerarbeit/Gruppenarbeit/Unterrichtsgespräch
Zielvorstellungen/ Kompetenzbeschreibungen KV 8.1	Die Schülerinnen und Schüler erwerben und verfügen über folgende Kompetenzen. Sie - entnehmen einem Sachtext Informationen. - schreiben eine Inhaltsangabe zu einem Sachtext.
Durchführung/ Unterrichtsschritte KV 8.1	1. Die Schülerinnen und Schüler erschließen nach der Fünf-Schritt-Lesemethode einen Sachtext zu den Hintergründen des Nibelungenliedes. 2. Sie schreiben eine Inhaltsangabe zu dem Sachtext und vergleichen ihrer Ergebnisse untereinander.
Zielvorstellungen/ Kompetenzbeschreibungen KV 8.2	Die Schülerinnen und Schüler erwerben und verfügen über folgende Kompetenzen. Sie - kontextualisieren Bilder von Nibelungen-Denkmälern. - diskutieren über den Sinn bzw. das Anliegen von Denkmälern.
Durchführung/ Unterrichtsschritte KV 8.2	1. Die Schülerinnen und Schüler beschreiben anhand von Abbildungen Erinnerungsorte für die Nibelungen. 2. Sie kontextualisieren die Bilder, ordnen die Darstellungen in den Textzusammenhang ein. 3. Im Plenum diskutiert die Klasse über Sinn und Anliegen derartiger Denkmäler.
Zielvorstellungen/ Kompetenzbeschreibungen KV 8.3	Die Schülerinnen und Schüler erwerben und verfügen über folgende Kompetenzen. Sie - lernen eine nordische Sage kennen. - vergleichen motivähnliche Texte miteinander. - stärken interkulturelle Kompetenzen.
Durchführung/ Unterrichtsschritte KV 8.3	1. Die Schülerinnen und Schüler lesen die Brünhild-Geschichte ausdrucksstark vor. 2. Sie vergleichen das Geschehen und die Figuren mit der Darstellung im Nibelungenlied. 3. Die Unterschiede zwischen der isländischen und der germanischen Sage werden zusammengetragen und reflektiert, um regionale Spezifika zu betonen.

Zielvorstellungen/ Kompetenzbeschreibungen KV 8.4	Die Schülerinnen und Schüler erwerben und verfügen über folgende Kompetenzen. Sie - arbeiten fächerverbindend mit dem Atlas aus dem Geografie- bzw. Geschichtsunterricht. - erstellen eine Kartenskizze. - recherchieren zu Orten und verfassen kurze Informationstexte als Ergänzung der Karte.
Durchführung/ Unterrichtsschritte KV 8.4	1. Die Schülerinnen und Schüler erstellen eine Kartenskizze als Basis für eine Wandzeitung, die die Orte aus dem Nibelungenlied zeigt. 2. Sie recherchieren geografische und historisch bedeutsame Orte und tragen diese in die Karte ein. 3. Es werden den Orten und Regionen Handlungssequenzen des Nibelungenliedes zugewiesen, indem kleine Schilder mit Texten diese in der Karte visualisieren.

Lösungen

Kopiervorlage 8.1 → S. 36 f.

1./2. Einleitung

Autorin: Monika Dreykorn
Titel: Lied der Rätsel.
Aktenzeichen Nibelungenepos - ungelöst
Quelle: Geschichte 1/2007
Textsorte: Artikel in einem Fachmagazin
Was? Spurensuche nach Verfasser, Entstehungszeit, Entstehungsort, Auftraggeber und geschichtlichen Hintergründen des Nibelungenliedes

Hauptteil

1. Identität des Verfassers nicht geklärt (Z. 1-17)
- Dichter nennt sich nicht selbst wie in anderen mittelalterlichen Texten
- liest sich wie mündliches Erzählen
- nicht geklärt, ob überhaupt nur ein Dichter oder nicht mehrere
- auch Wolfram von Eschenbach und Walther von der Vogelweide bereits als Verfasser angenommen

2. Spekulationen über den Stand des Verfassers (Z. 18-23)
- wandernder Spielmann (19. Jh.)
- später: Angehöriger des höfischen Dienstadels (Ministerialer), Kleriker oder Kanzleibeamter

3. Vermutliche Entstehungszeit um 1200 (Z. 24-27)
- durch Art des höfischen Lebens und bestimmte Abläufe
- Bezug zum „Parzival"

4. Entstehungsort zwischen Passau und Wien (Z. 28-41)
- Vergleich mit vielen verschiedenen Handschriften und mittelbayr.-österreich. Sprachfärbung
- Ortsbezüge, z. B. auf Reise ins Hunnenland, auch Passau als Station
- Bischof Pilgrim von Passau namentlich erwähnt
- „Klage" im Anhang nennt „Meister Konrad", der von Bischof Pilgrim Auftrag zur Niederschrift erhalten habe
- diverse Handschriften mit teils größeren Unterschieden (Z. 42-47)

5. Sagenkreise und Geschichte (Z. 48-54)
- nordische Sagenkreise der Edda und der Völsunga-Sage (Siegfried-Kriemhild-Brünhild)
- Untergang der Burgunder bei Etzel mit historischen Bezügen

6. Besonderheiten des Werkes in seiner Zeit (Z. 56-64)
- untypisch für höfische Literatur
- mitten in der Blütezeit der Artus-Epik (Ritterlichkeit) entsteht ein Heldenepos
- ohne neue Quellen Rätsel um Nibelungenlied kaum lösbar

Schluss
- z. B. Monika Dreykorn fasst viele Forschungsergebnisse zusammen, liefert aber keine neuen Erkenntnisse. Leider hat sie keinen namhaften Forscher zitiert.

Mögliche zu klärende Wörter:

Z. 5 akribisch = sehr genau
Z. 5 f. Germanisten = Fachleute für deutsche Sprache und Literatur
Z. 13 Redakteur = Herausgeber
Rezitator = der Aufsagende/Vortragende
Z. 14 Pergament = alte Handschrift, ursprünglich: bearbeitete Tierhaut
komponieren = (musikalisches) Werk erschaffen
arrangieren = zusammenstellen, (ein)ordnen
Z. 20 Ministerialer = Angehöriger des mittelalterlichen Dienstadels
Z. 21 Kleriker = kathol. Geistlicher
Z. 22 Kanzleibeamte = jm., der in einem Büro/ einer Schreibstube arbeitet
Z. 30 Sprachfärbung = bestimmte Auffälligkeiten in einer Sprache
Z. 35 Mäzen = Förderer
Z. 42 fragmentarisch = unvollendet
Z. 57 Artus-Epik = Erzähltexte über König Artus
Z. 60 monumental = gewaltig
archaisch = altertümlich
heroisch = heldenhaft
Mythen = Heldensagen/Göttersagen

Kopiervorlage 8.2 → S. 38

1./2. Bild 1:	dreiteiliges Wandrelief: 1. Auszug Siegfrieds, 2. Ermordung an der Quelle, 3. Streit der Königinnen	1. „tollkühne Abenteuer bestanden“, S. 7/Z. 25 bzw. „So zogen die Helden nach Burgund“, S. 10/Z. 11 f. 2. Ermordung an der Quelle im Vogesenwald durch Hagen, S. 76/Z. 26 – S. 77/Z. 6 3. „Wie die beiden Königinnen einander beschimpften“, S. 61–65
Bild 2:	König Etzel begrüßt Kriemhild in Tulln an der Donau	→ mit einem riesigen Gefolge kommt Etzel seiner Braut entgegen: S. 99/Z. 6 f.
Bild 3:	Hagen von Tronje steht in einem Boot, einen Teil des Nibelungenhorts auf der Schulter	→ Hagen versenkt den Hort im Rhein: S. 87/Z. 24 ff.

3. Gründe für die Schaffung von Denkmälern allgemein, z. B.
- Schaffung eines Erinnerungsortes
- zum Andenken/Gedenken an Personen oder Ereignisse
- erhaltenes Kunstwerk aus vergangener Zeit,
  vor allem bezogen auf Gebäude
- Schmuck in einem Park oder auf einem Rondell/Sehenswürdigkeit

Kopiervorlage 8.3 → S. 39 f.

1. Individuelle Schülerlösungen

2. Gemeinsamkeiten Figuren und Handlung	**Unterschiede Figuren und Handlung**
– Namen: Sigurd, Grimhild, Gunnar, Brynhild, Atli – starke, eigenwillige Brynhild – Freier muss schwere Aufgaben bestehen – Sigurd hilft dem Schwager Gunnar (Gunther) – Sigurd besiegt Brynhild in Gestalt eines anderen – Sigurd schläft mit Brynhild – Ring als Pfand	– Namen: Sigurd, Grimhild, Gunnar, Brynhild, Atli – weitere Figuren, die im Nibelungenlied nicht auftauchen – Ort: Hlymadalir vs. Island – Ehe zwischen Gudrun und Sigurd bereits geschlossen → Sohn Sigmund, Tochter Aslaug – Gudrun durch Essen des Drachenherzes grimmig geworden – Grimhild: Mutter Gudruns, böse Zauberin – Aufgabe: über Feuer springen bzw. durchreiten – Sigurd nutzt keine Tarnhaut, sondern tauscht den Körper – Ringtausch – Sigurds Schwert heißt Gram, nicht Balmung – Vater Brynhilds lebt noch, im Nibelungenlied keine Eltern benannt

3. – regionale Unterschiede in ähnlichen Sagen; andere Erzähltraditionen, auch bezogen auf die Helden bzw. die Figuren, die in anderen Völkern eine wichtige Rolle spielen und im kulturellen Gedächtnis vorhanden sind

Kopiervorlage 8.4 → S. 41

1. Beispielkarte:

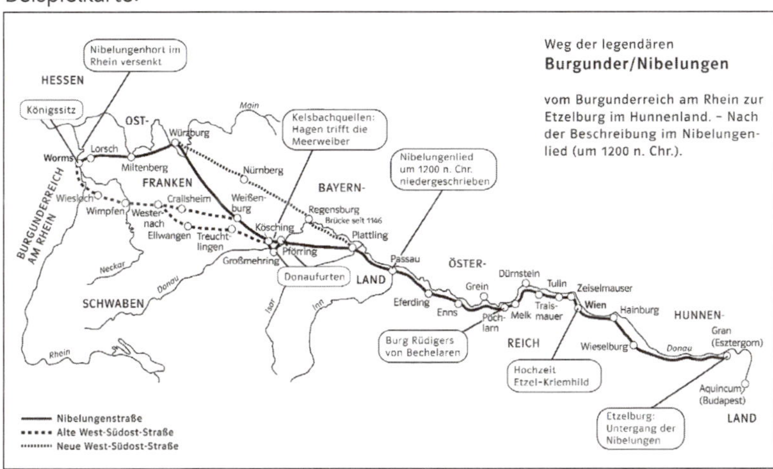

Quelle: Klett-Archiv (Andrea Mix), Stuttgart

Klassenarbeitsvorschläge/Schulaufgabenvorschläge

Kopiervorlage 9 → S. 42

1. Textstelle: S. 86 f.
Nach dem Tod Siegfrieds bleibt Kriemhild bei ihrer Familie in Worms und zieht nicht wieder mit den Eltern Siegfrieds nach Xanten. Sie erhält einen eigenen Witwensitz. Der Hort, der Siegfried gehörte und im Nebelland im hohen Norden liegt, wird auf Anraten Hagens nach Worms gebracht. Kriemhild ist zunächst dagegen.

2. Alberich: Wächter über den Hort und damit Untertan Siegfrieds, nach dessen Tod Kriemhild treu ergeben;
Hagen: machtbesessener Berater Gunthers, der als starke Hand eines recht schwachen, zurückhaltenden Königs auftritt und dessen Macht sichert, Gunther und dem Wormser Hof treu ergeben;
Kriemhild: Schwester der Könige Gunther, Gernot und Giselher, als Witwe Siegfrieds in tiefer Trauer, hat Rache geschworen für den Tod Siegfrieds, trotz Versöhnung mit ihren Brüdern;
Gunther: einer der Burgunder Könige, mit Schwester Kriemhild nach seinem Dafürhalten ausgesöhnt, sehr familiär, allerdings zwischen Frau Brünhild und Schwester Kriemhild stehend, mitschuldig am Tod Siegfrieds, eigentlich Harmonie anstrebend, als König schwach und von Hagen geleitet

3. Kriemhilds Anliegen: Anerkennung und Wahrung des positiven Andenkens an den toten Siegfried, gleichzeitig langfristiger Aufbau einer Truppe von ihr zugetanen Rittern, die sie vielleicht für ihre Zwecke instrumentalisieren kann (zunächst Unterstellung durch Hagen);
Hagens Anliegen: Verhinderung einer Stärkung Kriemhilds, damit keine Gefahr für den Wormser Hof besteht, Loyalität gegenüber König Gunther, aber auch zum Schutz seiner eigenen Person

4. Individuelle Schülerlösungen; inhaltliche Schwerpunkte: Reise an den Etzelhof, Onkel Bischof Pilgrim, Hochzeit, Sohn Ortlieb, Sehnsucht nach der Familie, bleibt die „Fremde", Einladung an Familie, Rache für Siegfrieds Tod um jeden Preis, vor allem an Hagen, Mitschuld Gunthers, der Hagen nicht herausgeben wollte, Raub des Horts, Tötung des Sohnes durch Hagen

Kopiervorlage 10 → S. 43

1. Bild 1: Siegfried hat sein Schwert Balmung geschmiedet. Während seiner Lehrzeit, die im Text nur in Rückblenden durch Hagen angedeutet wird, tötet Siegfried den Drachen und badet in dessen Blut, was ihn der Legende nach unverwundbar macht. Er unterwirft sich die Nibelungen und wird der Besitzer des Nibelungenhortes. Das Schwert Balmung hat er nach Hagens Darstellung im Text (S. 11) von Schilbung und Nibelung, den einstigen Besitzern des Hortes, erhalten. Es gilt als das schärfste aller Schwerter. In der Siegfried-Sage (S. 162 ff.) schmiedet er Balmung selbst.

Bild 2: Siegfried wurde von einem Speer getroffen und sinkt an der Quelle im Vogesenwald nieder. Situation: Aus Rache für die Kränkungen, die Siegfried und Kriemhild der Burgunderkönigin Brünhild zugefügt haben, tötet Hagen von Tronje den ahnungslosen Siegfried. Dieser war zu einer Jagd in den Wald gelockt und durch einen Vorwand von der Gruppe getrennt worden. Hagen hatte Siegfrieds Waffen versteckt und sich im Vorfeld wiederum durch eine List von Kriemhild die Stelle verraten lassen, an der der Held nach dem Bad im Drachenblut doch verletzbar ist. Kriemhild hatte in guter Absicht diese Stelle zwischen den Schulterblättern mit einem gestickten Zeichen auf dem Hemd versehen, damit Hagen ihren Mann schützen könne.

Bild 3: Siegfried kämpft mit Brünhild. Auf Island wirbt Gunther um die Königin Brünhild, muss sie aber in drei Wettkämpfen besiegen, um sie freien zu können: Werfen, Springen, Speerschleudern. Das Bild zeigt eine direkte Auseinandersetzung zwischen Brünhild und Siegfried mit Speeren, die am ehesten der dritten Aufgabe zugeordnet werden könnte. Allerdings ist im Text Siegfried durch seine Tarnhaut unsichtbar und führt Gunther die Hand. Einen direkten Speerkampf gibt es im Buch nicht (vgl. S. 35).

2. a) wichtige Merkmale sind: jugendlicher Held (Alter), Stärke und Fitness für das Auftreten als Held/Ritter, Sympathie und Aussehen für durchaus schwärmerische Zuwendung durch beide Geschlechter
b) individuelle Schülerlösungen anhand konkreter Textbezüge

3. Individuelle Schülerlösungen; vor allem der Zweck der Werbung steht im Vordergrund, daher können Sätze auch kürzer oder unvollständig sein.